MANWEL - SARSON

L'italien

POUR LES NULS

Francesca Romana Onofri
Karen Antje Möller
Sylvie Le Bras

FIRST
Editions

L'italien pour les Nuls
Titre de l'édition américaine : Italian Phrases for Dummies

Publié par
Wiley Publishing, Inc.
111 River Street
Hoboken, NJ 07030 – 5774
USA

ISBN 978-2-7540-0325-4
Dépôt légal : 1er trimestre 2007
Nous nous efforçons de publier des ouvrages qui correspondent à vos attentes et votre satisfaction est pour nous une priorité. Alors, n'hésitez pas à nous faire part de vos commentaires :

Éditions First
27, rue Cassette
75006 Paris – France
e-mail : firstinfo@efirst.com
Site internet : www.efirst.com

Traduction : Sylvie Le Bras
Production : Emmanuelle Clément
Mise en page : KN Conception
Imprimé en France

Sommaire

Introduction

Dans une société de plus en plus cosmopolite, où les voyages sont à la portée de tous et où l'environnement de travail s'internationalise, connaître au moins quelques mots dans d'autres langues s'avère très utile.

L'Italie n'est jamais que de l'autre côté des Alpes pour vous Français et Suisses ! Vous êtes Québécois et votre travail vous mène à Milan ou à Rome ? Vous habitez Bruxelles et avez des voisins ou des amis italiens ? D'où que vous soyez, vous êtes d'origine italienne et aimeriez renouer avec la culture de vos grands-parents ?

Voilà d'excellentes raisons pour vouloir apprendre un peu d'italien ! *L'italien pour les Nuls* est là pour vous aider à faire vos premiers pas. Il est le fruit de la collaboration de spécialistes de l'enseignement des langues, et de l'éditeur de la célèbre collection *Pour les Nuls*. Cette méthode met à votre portée les bases de la langue italienne pour vous permettre de vous débrouiller dans des situations de communications simples : saluer quelqu'un, réserver une chambre d'hôtel, passer une commande dans un restaurant…

À propos de ce livre

L'italien pour les Nuls est l'antithèse des méthodes contraignantes ou des cours que vous devez suivre régulièrement deux fois par semaine pendant des mois. Il a l'avantage de pouvoir être utilisé à votre gré. Vous souhaitez apprendre quelques mots et savoir construire un minimum de phrases pour visiter l'Italie ou encore pouvoir dire « Ciao ! » à votre voisin transalpin ? Nul besoin de vous enchaîner comme un forcené à votre bureau. Avec ce livre, vous allez à votre rythme. Vous n'avez lu qu'une page aujourd'hui ? Vous en lirez plus demain ! Si vous avez le temps… et surtout l'envie ! Vous n'avez aucune obligation de l'étudier du début à la fin, consultez les chapitres qui vous intéressent dans l'ordre que vous voulez.

Un conseil cependant : si vous êtes totalement débutant, lisez d'abord les chapitres de la première partie. Ils vous donnent les bases dont vous aurez besoin pour aller plus avant, comme la prononciation et des rudiments de grammaire.

Conventions utilisées

Pour que ce livre soit facile d'utilisation, nous avons adopté quelques conventions :

- Les mots et phrases en italien sont écrits en **gras** pour les mettre en évidence.
- La prononciation, qui les suit, est en *italique*.
- La conjugaison des verbes se présente sous forme de tableau, dans le même ordre qu'en français : « je », « tu », « il/elle (le féminin sing. s'utilise aussi pour le vouvoiement) », « nous », « vous », « ils/elles ». En vis-à-vis, vous trouverez la prononciation. Voici par exemple le verbe **divertirsi** (*di-ver-tir-si*) (s'amuser) :

Conjugaison	*Prononciation*
mi diverto	*mi di-ver-to*
ti diverti	*ti di-ver-ti*
si diverte	*si di-ver-té*
ci divertiamo	*ci di-ver-tia-mo*
vi divertite	*vi di-ver-ti-té*
si divertono	*si di-ver-to-no*

L'apprentissage d'une langue est un exercice particulier. Aussi trouverez-vous dans ce livre une organisation qui n'existe pas dans d'autres ouvrages de la série *Les Nuls*.

- **Mots clés** : mémoriser des mots et des expressions-clés est essentiel dans l'apprentissage d'une langue. Les mots importants rencontrés dans les dialogues sont reportés sur un « tableau noir » sous le titre « Mots clés ». Les noms sont suivis de [m] ou [f] ou [m/f] pour indiquer leur genre masculin, féminin ou les deux (comme **medico**, médecin, qui peut être un homme ou une femme, comme en français…). Connaître le genre des noms est indispensable pour savoir comment former leur pluriel.

La manière d'exprimer des idées est particulière à chaque langue. L'important est de comprendre le sens du discours et non pas seulement les mots mis les uns à côté des autres. Par exemple, l'expression **Mi dica** (*mi di-ca*) traduite littéralement par « Dites-moi » ne rend pas le sens « Je peux vous être utile ? » ou encore « Vous vouliez me dire ? » qu'elle a selon le contexte dans lequel elle est employée. En outre « Dites-moi » en français serait utilisé pour exprimer une autre idée dans un tout autre contexte. Cet ouvrage vous donne la traduction de la phrase, de l'expression ou du mot dans son contexte et non une traduction littérale.

Qu'attendez-vous de ce livre ?

Pour écrire cet ouvrage, nous avons dû nous mettre à votre place et nous demander ce que vous attendiez d'une méthode de langue intitulée *L'italien pour les Nuls*. Aussi avons-nous pensé que :

- Vous êtes totalement débutant en italien ou vous l'avez étudié un peu à l'école et vous avez tout oublié ;
- Votre but n'est pas de parler couramment l'italien mais d'apprendre des mots, des expressions, de savoir construire des phrases pour pouvoir vous débrouiller dans des situations quotidiennes ;
- Vous ne voulez vous pas embêter à apprendre de longues listes de vocabulaire ni des règles de grammaires fastidieuses ;

- Vous voulez acquérir des notions d'italiens en vous amusant.

Si vous vous reconnaissez dans ces postulats, vous avez choisi la bonne méthode !

Icônes utilisées dans ce livre

À mesure que vous avancerez dans l'étude de l'italien, vous aurez besoin de consulter certaines informations, de revenir sur des points précis... Pour vous aider à les trouver sans devoir lire des pages et des pages, nous avons placé ces icônes dans la marge.

Cette icône signale des conseils facilitant l'apprentissage de l'italien.

Pense-bête pour que vous vous rappeliez un point important déjà abordé.

Cette icône attire l'attention sur des questions grammaticales mentionnées au passage dans des sections portant sur d'autres sujets que la grammaire.

Informations sur les habitudes pratiquées dans le pays et conseils aux voyageurs.

Et maintenant, par où commencer ?

Pour apprendre une langue, il faut se jeter à l'eau. Vous avez peur de mal prononcer, de faire des fautes ? Tout le monde est passé par là ! Allez, tournez la page pour attaquer le chapitre 1 ou ouvrez le livre au chapitre qui vous intéresse le plus ou, encore, écoutez quelques dialogues. L'important est de commencer et bientôt, lorsque l'on vous demandera « Parla italiano ? », vous répondrez « Si ! ».

Chapitre 1

L'italien ne vous est pas étranger

Dans ce chapitre :

- Prendre conscience de vos connaissances en italien
- Expressions courantes et mots très proches du français
- Se familiariser avec la prononciation et la musique des mots
- Se frotter à la culture et aux habitudes italiennes

Comme vous le savez, à l'instar du français, de l'espagnol ou du portugais, l'italien est une langue romane issue du latin. À l'époque où Rome régnait sur l'Europe occidentale, le latin était la langue dominante. Aussi les langues des populations locales soumises lui ont-elles emprunté de nombreux mots. Avec le temps, elles se sont transformées pour devenir les langues que nous connaissons aujourd'hui.

Le français et l'italien étant deux langues étroitement apparentées, cette dernière n'est pas complètement étrangère à notre oreille. L'on arrive d'emblée à deviner la signification de mots ou d'expressions. Cela étant, elles n'en sont pas moins éloignées par certains aspects. Ces similitudes et ces différences se retrouvent dans les nombreux dialectes parlés en Italie. Encore très vivaces, pour des raisons géographiques ou historiques, ils peuvent être si différents d'une région à l'autre que les gens ne se comprennent pas.

Cela étant, pas de panique, les Italiens parlent italien ! Raison de plus avec les étrangers. En voyageant en Italie, vous vous rendrez compte qu'il y a aussi les accents. Si vous avez du mal à comprendre, vous ferez répéter ! Mais, avec *L'italien pour les nuls* comme livre de chevet, on risque de vous prendre pour un Italien pur souche : vous pourrez toujours nous appeler à l'aide !

Lorsque l'on est débutant dans une langue, pour se faire comprendre il y a toujours les gestes. Mais la communication est assez vite restreinte. Pour vous faciliter les choses, nous présentons dans ce chapitre des expressions courantes qui vous aideront. Nous avons également glissé des proverbes, pour une première approche culturelle… Mine de rien, ce peut être très utile pour comprendre comment les Italiens « fonctionnent ». Vous savez, les us et les coutumes d'un pays à l'autre… même s'ils sont voisins !

Vous ne connaissez pas un seul mot ? Sûr ?

Les Italiens sont communicatifs, c'est du moins l'idée que l'on en a ! Ils aiment parler, mais ils aiment aussi leur langue qui est très mélodieuse. Ce n'est pas pour rien que l'opéra italien est si renommé.

L'italien a emprunté un grand nombre de mots à d'autres langues : à l'anglais avec des mots comme **gadgets, jogging, okay** qu'ils prononcent *(o-kèï)*. Depuis que les ordinateurs ont envahi leur bureau, ils disent **cliccare sul mouse** (*clic-ca-ré soul ma-ou-se*) (cliquer sur la souris). Et puis, il y a « *lo zapping* » : cette nouvelle coutume qui consiste à s'affaler des heures devant la télé et à passer d'une chaîne à l'autre, vous connaissez ? Cela étant, si l'anglais a pris une large part du gâteau, les expressions et mots français ne sont pas absents de la langue de Dante : **voilà, c'est la vie, coulotte** (pour culotte, prononcé à l'italienne, vous l'aurez compris), etc.

Inversement, d'autres langues ont emprunté à l'italien, la nôtre en premier. Allez, si on vous dit « bouffe », vous dites…

- **pizza** *(pit-tsa)*
- **maccheroni** *(mak-ké-ro-ni)*
- **spaghetti** *(spa-guét-ti)*
- **tortellini** *(tor-tèl-li-ni)*
- **mozzarella** *(mot-tsa-rèl-la)*
- **espresso** *(è-sprès-so)*
- **cappuccino** *(cap-pout-tchi-no)*
- **tiramisù** *(ti-ra-mi-sou)*

Au fait, savez-vous que **tiramisù** signifie littéralement « Donne-moi du tonus ! » Pourquoi ce drôle de nom ? Parce qu'il est fait avec le fameux **espresso** italien qui est très fort… Vous connaissez sûrement d'autres mots, en dehors de la cuisine :

- **ciao!** *(tcha-o!)* : c'est l'équivalent de « salut ». Attention, il s'utilise aussi pour dire bonjour et pas seulement au revoir !
- **grazie** *(gra-tsié)* : merci.
- **amore** *(a-mo-ré)* : pas besoin de dire que cela signifie « amour » ! Très utilisé dans les chansons !
- **bene** *(bé-né)* : bien.
- **signore** *(si-gno-ré)* : monsieur ; **signora** *(si-gno-ra)* pour dire madame et **signorina** *(si-gno-ri-na)* pour mademoiselle.
- **bravo!** *(bra-vo)* : attention, c'est un adjectif : à une femme, on dira : « **Brava!** » *(bra-va),* à un groupe d'hommes ou de personnes des deux sexes, « **Bravi!** » *(bra-vi)* et à plusieurs femmes, « **Brave!** » *(bra-vé).* Ce mot a de multiples acceptions en italien : pour applaudir mais aussi pour féliciter quelqu'un qui a fait quelque chose de bien ou de difficile, pour dire d'une personne qu'elle est « forte en », qualifier un enfant de sage… Gare aux faux amis ! **Bravo** ne signifie jamais brave, quel que soit le sens de ce dernier.

Vous avez sans nul doute déjà entendu certains de ces mots. Vous en apprendrez beaucoup d'autres dans cette méthode !

Pour le moment, « **Chi si accontenta gode** » *(ki si ac-co'n-tè'n-ta go-dé)* (littéralement : qui se contente de ce qu'il a le savoure,) : on fait avec ce qu'on a !

Mots apparentés

Sans même les avoir entendus, il y a les mots que l'on devine tant leur similitude avec le français est grande :

- **aeroporto** *(a-é-ro-por-to)* (aéroport)
- **attenzione** *(at-té'n-tsio-né)* (attention)
- **comunicazione** *(co-mou-ni-ca-tsio-né)* (communication)
- **importante** *(i'm-por-ta'n-té)* (important(e))
- **grande** *(gra'n-dé)* (grand(e))

Vous voyez, vous comprenez davantage d'italien que vous ne le croyez ! Pour vous le prouver, voici une petite histoire en français qui comportent des mots italiens…

Le voici à l'**aeroporto** *(a-é-ro-por-to)* de Rome : est-ce **possible** *(pos-si-bi-lé)* ? ! Il a toujours rêvé de visiter cette ville ! Une fois dans la rue, il appelle un **taxi** *(ta-xi)*. Il ouvre son sac pour voir s'il a bien les médicaments que son **dottore** *(dot-to-ré)* lui a ordonnés. Quel **traffico terribile** *(traf-fi-co tèr-ri-bi-lé)* ! Il passe devant une **cattedrale** *(cat-té-dra-lé)*, quelques **sculture** *(scoul-tou-ré)* et de nombreux **edifici antichi** *(é-di-fi-tchi a'n-ti-ki)*. Comme c'est **impressionante** *(i'm-prés-sio-na'n-té)* ! Quelles super **vacanza** *(va-ca'n-tsa)* il va passer !

Expressions courantes

Chaque langue a des expressions courantes que l'on utilise cent fois par jour ! Lorsque quelqu'un vous dit « merci », vous répondez automatiquement « de rien ». Quand vous réussirez à employer spontanément ces expressions si spécifiques à l'italien, vous serez sur la bonne voie !

En voici quelques-unes, très usitées :

- **Accidenti!** *(at-tchi-dè'n-ti)* (Mon Dieu !) ; (Zut alors !) ; (Oh ! la vache.) ; on pourrait dire aussi le mot de Cambronne, suivant la situation…
- **Andiamo!** *(a'n-dia-mo)* (Allons-y !) ; (On y va !)
- **Che bello!** *(ké bèl-lo)* (Comme c'est beau !) ; (Comme il est beau !) ; (Super !)
- **Che c'è?** *(ké tchè)* (Qu'est-ce qu'il y a ?)
- **D'accordo!** *(dac-cor-do)* (D'accord !)
- **Dai!** *(daï)* (Allez !)
- **E chi se ne frega?** *(E ki sé né fré-ga)* (Qu'est-ce qu'on en a à faire ?)
- **È lo stesso.** *(è lo stés-so)* (C'est pareil) ; (Ça m'est égal)
- **Fantastico!** *(fa'n-ta-sti-co)* (Super !)
- **Non fa niente.** *(no'n fa niè'n-té)* (Ça ne fait rien)
- **Non c'è di che.** *(no'n tch'è di ké)* (Il n'y a pas de quoi)
- **Permesso? Permesso?** *(per-més-so)* (Pardon. Excusez-moi) : quand on veut passer devant quelqu'un ou au milieu d'une foule, qu'on veut rejoindre sa place au théâtre et qu'on dérange les gens. Mais aussi, quand on arrive chez quelqu'un : on demande la permission d'entrer… et là il n'y a pas d'équivalent en français !
- **Stupendo!** *(stou-pè'n-do!)* (Super, génial !)
- **Va bene!** *(va bé-né!)* (OK ! D'accord !)

Comment ça se prononce ?

Vous allez faire faire un peu d'exercice à votre langue, ne serait-ce qu'avec la prononciation du *r* roulé. Simple question d'entraînement ! Pour le reste, vous vous « emmêlerez sûrement un peu les crayons » avec les *(tch)* et autres *(ts)* et *(dz)*, surtout lorsqu'ils se trouvent dans le même mot. Eh oui, en apprenant une langue, on découvre forcément de nouveaux sons. Plutôt amusant, non ? Voici donc les règles de prononciation. Elles vous permettront de voyager à travers les dialogues de ce livre et d'acquérir une bonne prononciation qui vous fera comprendre des Italiens. Car, si vous prononcez l'italien à la française, ils trouveront ça charmant mais auront du mal à vous suivre ! Tout comme les Français ont des difficultés à saisir les Italiens qui prononcent le ***u* « *ou* »** et le ***e* « *é* »** !

Comme nous l'avons dit précédemment, chaque mot, expression ou phrase en italien est suivi de sa prononciation entre parenthèses. Nous avons élaboré un code très simple qu'il vous suffira de respecter pour prononcer correctement.

Nous avons séparé les syllabes par un trait d'union, comme dans **casa** *(ca-za)* (maison), et souligné la syllabe mise en relief par l'accent tonique (nous développons ce point dans le paragraphe « La musique des mots » un peu plus loin dans ce chapitre).

Les voyelles

Ce sont les mêmes qu'en français : ***a, e, i, o, u,*** excepté le ***y*** qui n'existe pas. La voyelle ***e*** se prononce *(é)* ou *(è)*, jamais *(e)*. Le ***u*** se prononce *(ou)*, le son *(u)* n'existant pas. Il n'y pas de sons nasaux en Italien, par exemple dans **andiamo** *(a'n-dia-mo)* (allons-y) ; (on y va), la voyelle ***a*** se prononce seule, tout comme la consonne ***n***. Pour vous le rappeler nous avons mis une apostrophe entre les deux.

La voyelle « a »

Dans des mots tels que **casa** *(ca-za)* (maison), pas de problème : le ***a*** se prononce comme en français. Lorsqu'il est suivi par ***m***, ***n***, il se prononce seul, les sons ***(am), (an)*** n'existant pas. De même que lorsqu'il est suivi d'une autre voyelle : ***au*** se prononce *(a-ou)* et non *(o)*. Voici quelques exemples :

- **bambino** *(ba'm-bi-no)* (enfant, garçon)
- **fantastico** *(fa'n-ta-sti-co)* (super !)
- **paura** *(pa-ou-ra)* (peur)

La voyelle « e »

Oubliez le ***e*** français ! Désormais vous le prononcerez ***é*** ou ***è*** :

- **sole** *(so-lé)* (soleil)
- **peso** *(pé-so)* (poids)
- **bello** *(bèl-lo)* (beau, super)

La voyelle « i »

Dans la plupart des mots c'est le ***i*** français, quand il est précédé d'un ***a*** il se prononce *(ï)* comme dans ***aïe*** :

- **cinema** *(tchi-né-ma)* (cinéma)
- **vita** *(vi-ta)* (vie)
- **dai!** *(daï)* (Allez !)

La voyelle « o »

Selon les mots, elle se prononce fermée comme dans « pot » ou ouverte comme dans « porte ». Ça s'apprend à l'oreille et ça peut changer selon les accents régionaux : comme chez nous, quoi !

- **domani** *(do-ma-ni)* (demain)
- **piccolo** *(pic-co-lo)* (petit)
- **dolce** *(dol-tché)* (dessert, sucré)

La voyelle « u »

Attention piège ! Le ***u*** se prononce *(ou)*.

- **tu** *(tou)* (toi)
- **luna** *(lou-na)* (lune)
- **frutta** *(frout-ta)* (fruit)

Les consonnes

Les consonnes sont les mêmes qu'en français, à l'exception de certaines qui n'existent pas en italien. Si la plupart se prononce comme en français, ce n'est pas le cas de toutes.

Commençons par celles qui se prononcent de la même façon :

- ***b*** : **bene** *(bé-né)* (bien)
- ***d*** : **dare** *(da-ré)* (donner)
- ***f*** : **fare** *(fa-ré)* (faire)
- ***l*** : **ladro** *(la-dro)* (voleur)
- ***m*** : **madre** *(ma-dré)* (mère)
- ***n*** : **no** *(no)* (non)
- ***p*** : **padre** *(pa-dré)* (père)
- ***s*** : prononcé ***(ç)***, comme dans **pasta** *(pa-sta)* (pâtes) ; prononcé ***(z)*** entre deux voyelles **chiesa** *(kié-za)* (église)
- ***t*** : **treno** *(tré-no)* (train)
- ***v*** : **vino** *(vi-no)* (vin)

Les consonnes suivantes n'existent pas en italien, sauf dans les mots empruntés à des langues étrangères :

- ***j*** : **jogging** *(djo-gui'n)*, **jungla** *(djou'n-gla)* (jungle), **jeans** *(dji'ns)*
- ***k*** : **okay** *(o-kèï)*, **karatè** *(ka-ra-tè)*, **killer** *(kil-ler)* (tueur)
- ***w*** : **whisky** *(wi-ski)*, **windsurf** *(wind-seurf)*, **Web** *(wèb)*
- ***x*** : **xenofobia** *(xé-no-fo-bi-a)* (xénophobie) et **xilofono (xi-lo-fo-no)** (xylophone) en général des mots venant du grec ancien.
- ***y*** : **yogurt** *(yo-gourt)*, **yoga** *(yoga)*, **yacht** *(yot)*

Voyons maintenant les consonnes qui se prononcent différemment :

La consonne « c »

Elle se prononce *(k)* ou *(tch)* selon les lettres qui le suivent.

- Suivi par *a*, *o*, *u*, ou par une consonne, il se prononce (k), comme en français : **casa** *(ca-za)* (maison), **colpa** *(col-pa)* (faute), **cuore** *(couo-ré)* (cœur).
- Suivi par ***e*** et ***i***, il se prononce *(tch)* : **cena** *(tché-na)* (dîner), **cibo** *(tchi-bo)* (nourriture), **certo** *(tcher-to)* (bien sûr).
- ***c*** + ***i*** devant ***a, o, u,*** se prononcent *(tch)* : **ciao** *(tcha-o)* (salut), **cioccolata** *(tchoc-co-la-ta)* (chocolat), ***ciuccio*** *(tchout-tcho)* (tétine). Le ***i*** est muet.
- ***c*** + ***h*** muet devant ***e*** et ***i,*** se prononcent *(k)* : **che** *(ké)* (quoi ?), **chiesa** *(kié-za)* (église), **chiave** *(kia-vé)* (clé).

Cela vous semble compliqué ? Vous allez vite vous habituer ! Récapitulons :

casa	**co**lpa	**cu**ore	**che**	**chi**ave	= **k**
cena	**ci**bo	**ce**rto	**cio**ccolata	**cia**o	= **tch**

La consonne « g »

La même règle s'applique au **g** pour faire le son *(gue)* ou *(dj)*

- Suivie par ***a, o, u,*** ou par une consonne, elle se prononce ***(gue)*** comme en français : **gamba** *(ga'm-ba)* (jambe), **gomma** *(gom-ma)* (pneu, caoutchouc). Attention dans **guerra** *(gouèr-ra)* (guerre), n'oubliez pas de prononcer le ***u*** *(ou)*, c'est une lettre à part entière !
- Suivie par ***e*** et ***i,*** elle se prononce *(dj)* : **gentile** *(djè'n-ti-lé)* (gentil, gentille), **giorno** *(djor-no)* (jour), **gelosia** *(djé-lo-zi-a)* (jalousie).
- ***g*** + ***i*** devant ***a, o, u,*** se prononcent *(dj)* : **giacca** *(djac-ca)* (veste), **gioco** *(djo-co)* (jeu), **giudice** *(djou-di-tché)* (juge). Le ***i*** ne se prononce pas.
- ***g*** + ***h*** muet devant ***e*** et ***i,*** se prononcent ***(gue) :*** **spaghetti** *(spa-guèt-ti)* (spaghetti), **ghiaccio** *(guiat-tcho)* (glace, celle du congélateur, pas celle à la fraise), **ghirlanda** *(guir-la'n-da)* (guirlande).

On récapitule !

gamba	**go**mma	**gu**erra	**ghia**ccio	spa**ghe**tti	= **gue**
gentile	**gio**rno	**gia**cca	**gio**co	**giu**dice	= **dj**

La consonne « h »

Elle est toujours muette, que ce soit dans l'association avec ***c*** ou ***g*** pour faire les sons *(k) et (gue)* ; ou dans d'autres mots comme **ho** *(o)* (j'ai), **hostess** *(o-stès)* (hôtesse de l'air).

La consonne « q »

Elle existe uniquement suivie de ***u*** lui-même suivi d'une autre voyelle. N'oubliez pas : ***qu*** se prononce *(cou)* non pas *(ke)* comme en français ! On prononcera donc : **quattro** *(couat-tro)* (quatre), **questo** *(coué-sto)* (ce, ceci), **quadro** *(coua-dro)* (tableau, celui du musée pas celui de la classe).

La consonne « r »

Le ***r*** italien est roulé (dans certaines régions il est prononcé comme le ***r*** français, plutôt marrant !). Pour réussir cet exercice périlleux, vous devez faire vibrer avec force la pointe de la langue contre le palais, à la base des incisives supérieures. Vous verrez, ça viendra avec le temps et… l'entraînement !

Pour vous exercer, répétez :

- **radio** *(ra-dio)* (radio)
- **carnevale** *(car-né-va-lé)* (carnaval)
- **prego** *(pré-go)* (je vous en prie, je t'en prie, de rien)

La consonne « z »

Lorsqu'on est en présence d'un seul ***z***, il se prononce *(dz)* comme dans **zio** *(dzi-o)* (oncle) ; ou *(ts)* comme **vacanza** *(va-ca'n-tsa)* (vacances) selon qu'il se trouve au début ou à l'intérieur du mot. Quand il y en a deux, le son est redoublé, nous l'avons noté *(t-ts)* comme dans **pizza** *(pit-tsa)* (pizza) et non pas « pidza » comme on le prononce en français et (d-dz) comme dans **azzurro** *(ad-dzour-ro)* (bleu clair) ! Rien de désespérant, il suffit d'écouter les Italiens quand ils parlent !

Entrons dans le vif du sujet avec les doubles consonnes.

Les doubles consonnes

Les doubles consonnes se prononcent (excusez-nous si on se répète !). N'hésitez donc pas à les accentuer ! Pour vous y aider, nous avons dédoublé leur prononciation en écrivant la première consonne à la fin de la première syllabe et la deuxième au début de la deuxième syllabe comme dans **macchina** (*mak-ki-na*) (voiture) : vous devez prononcer deux fois le son *(k)*, une fois dans *(mak)* et la seconde dans *(ki)*. Voici d'autres exemples :

- **bello** *(bèl-lo)* (beau, super)
- **caffè** *(caf-fè)* (café). L'accent sur le ***e*** est l'accent tonique et non pas un accent grave même s'il se prononce comme tel.
- **occhio** *(ok-kio)* (œil) ; (Attention !)
- **pessimo** *(pès-si-mo)* (mauvais). En présence des deux ***s***, vous ne devez pas seulement prononcer le son *(ç)*, mais le redoubler.

Deux mots dont la seule différence d'écriture est une lettre redoublée n'ont évidemment pas la même signification. Cependant, ne vous inquiétez pas trop car même si vous ne prononcez pas parfaitement, le contexte aide toujours votre interlocuteur à comprendre ce que vous voulez dire.

- **nono** *(no-no)* (neuvième)
- **nonno** *(no'n-no)* (grand-père)
- **capello** *(ca-pél-lo)* (cheveu)
- **cappello** *(cap-pèl-lo)* (chapeau)

Les groupes de consonnes

Ils correspondent à un seul son ou à deux, selon les lettres qui les suivent :

- ***gn*** se prononce comme en français : **gnocchi** *(gnok-ki)* (gnocchi)

- ***gl*** se prononce comme en français quand il est suivi de ***a, e, o, u*** : **inglese** *(i'n-glé-zé)* (anglais). Suivi de ***i,*** il correspond plus ou moins au son *(ll)* comme dans le français « **fille** » mais plus mouillé… : **figli** *(fi-lli)* (enfants dans le sens de progéniture), **gli** *(lli)* (l'article « les »).
- ***sc*** se prononce comme il s'écrit devant ***a, o, u, h*** : **scala** *(sca-la)* (escalier), **sconto** *(sco'n-to)* (remise, rabais), **scuola** *(scouo-la)* (école), **schema** *(ské-ma)* (schéma). Devant ***e*** et ***i,*** il se prononce *(ch)* : **scena** *(ché-na)* (scène), **scesa** *(ché-za)* (descente), **scimmia** *(chi'm-mia)* (singe).

La musique des mots

Dans un mot, une voyelle est toujours plus appuyée que les autres, mettant ainsi en relief la syllabe à laquelle elle appartient. C'est ce qu'on appelle l'accent tonique. Il n'est pas toujours à la même place en italien, d'où la difficulté de le mettre là où il faut ! Pour vous aider à bien le prononcer, nous avons souligné la syllabe tonique.

Lorsqu'il tombe sur la dernière syllabe, il s'écrit :

- **caffè** *(caf-fè)* (café)
- **città** *(tchit-ta)* (ville)
- **lunedì** *(lou-né-di)* (lundi)
- **perché** *(per-ké)* (pourquoi)
- **però** *(pé-ro)* (mais)
- **università** *(ou-ni-ver-si-ta)* (université)
- **virtù** *(vir-tou)* (vertu)

Remarquez qu'à l'exception du ***e***, toutes les autres voyelles portent un accent grave. En effet, seul le ***e*** porte l'accent grave ou aigu, qui, comme en français, marque la différence entre *(è)* (son ouvert) et *(é)* (son fermé). Mais, attention, il s'écrit parce qu'il est tonique : la voyelle ***e*** sans accent se prononce *(è)* ou *(é),* jamais *(e)* comme en français, ne l'oubliez pas !

Lorsque l'accent tonique ne porte pas sur la dernière syllabe, il ne s'écrit pas. Dommage, cela nous aurait été utile car un même mot a une signification différente selon la place de l'accent : **casinò** *(ca-zi-no)* (casino) et **casino** *(ca-zi-no)* (« bordel » au sens propre et figuré !). Le plus souvent, il tombe sur la pénultième (l'avant-dernière) syllabe mais il y a aussi beaucoup de mots où il tombe sur la… bref trop de règles et d'exceptions. Restons-en là pour l'instant !

À l'écrit, le verbe **è** *(è)* (est, du verbe être) ne se distingue de la conjonction de coordination **e** *(é)* (et) que par l'accent.

Les gestes

Les Italiens utilisent pas mal de gestes en parlant, les Français aussi… Mais, cela étant, ce ne sont pas forcément les mêmes ! Ils en ont pour dire : **Ci vediamo dopo**. *(ci vé-dia-mo do-po)* (On se verra plus tard.) ; **Era pieno !** *(é-ra piè-no)* (C'était bondé !) ; **E chi se ne frega ?** *(É ki sé né fré-ga)* (Qu'est-ce qu'on en a à « foutre » !). On vous passe les gestes, euh… dirons-nous… grossiers.

Malheureusement, décrire les gestes avec des mots est un exercice redoutable ! La gestuelle italienne étant une véritable science, il est difficile pour un étranger de la reproduire à l'identique, d'autant qu'il faut accompagner le geste de la mimique qui va avec, sous peine d'être immédiatement identifié comme **straniero** *(stra-nié-ro)* (étranger) ! Au contact des Italiens, ces gestes vous viendront peu à peu. Cela étant, pour qu'ils deviennent naturels et spontanés, il aurait fallu vous entraîner dès le berceau !

Ce n'est pas pour rien que le proverbe dit :

L'abitudine è una seconda natura.
la-bi-tu-di-né è ou-na sé-co'n-da na-tou-ra
L'habitude est une seconde nature.

Pour clore ce chapitre, nous allons au moins vous dire quels gestes accompagnent les salutations italiennes.

Stéréotypes, êtes-vous là ?

En allant en **vacanza** *(va-ca'n-tsa)* (vacances) en Italie ou en regardant des films italiens, on se fait forcément une idée sur le pays, la culture et les gens. Et l'on a vite fait de se mettre en tête des stéréotypes qui ne reflètent pas toujours la réalité.

Allez à l'encontre des stéréotypes sur l'Italie et **gli Italiani** *(lli i-ta-lia-ni)* (les Italiens) n'est certes pas facile. C'est vrai qu'ils ont **buon gusto** (*bouo'n gou-sto*) (bon goût), qu'ils sont forts dans les domaines de la **moda** *(mo-da)* (mode), de la **cucina** *(cou-tchi-na)* (cuisine, gastronomie) et qu'ils vivent dans un très beau pays. C'est vrai aussi que **i treni** *(i tré-ni)* (les trains) sont souvent, pour ne pas dire toujours, en retard ! Bien qu'elle fasse très peu d'enfants – le taux de natalité en Italie est très bas –, la **mamma** *(ma'm-ma)* (maman) est assez envahissante avec ses enfants adultes ! Contrairement à ce qu'on pourrait croire, même si les églises sont vides, la **chiesa** *(kié-za)* (l'Église en tant qu'institution) pèse encore de tout son poids dans les choix de vie des Italiens. Il fait toujours beau au pays des « Ritals » ? Allez faire un tour dans la plaine du Pô en plein hiver, vous y trouverez **una nebbia da tagliare col coltello** *(ou-na néb-bia da ta-llia-ré col col-tèl-lo)* (un brouillard à couper au couteau) ! Il n'est pas vrai que tous les Italiens sont accueillants, sympathiques et bruyants : ils peuvent être aussi très fermés, antipathiques et posés, comme c'est le cas chez tous les peuples ! Quant à la réputation de l'**amante italiano** *(la-ma'n-té i-ta-lia-no)* (le latin lover), c'est encore à prouver…

Chaque société a ses codes de conduite. Gestes et comportements changent d'un pays à l'autre même s'ils sont voisins et semblent si proches. Ce qui ne se ferait pas en France, se fait peut-être en Italie et vice versa. Quant les Italiens parlent fort avec moult gestes, ils ne se disputent pas forcément, ils sont juste **esuberanti** *(é-zou-bé-ra'n-ti)* (exubérants)… Et si, convaincu qu'ils sont très sociables, vous engagez la conversation avec votre voisin de bus, plaisantez avec la dame qui fait la queue devant vous au supermarché et

INFO CULTURELLE

Stéréotypes, êtes-vous là ? *(suite)*

tenez de longs discours au marchand de légumes, ne soyez pas surpris s'ils vous regardent avec de grands yeux : ça ne se fait pas !

Stéréotypes mis à part, il n'est pas faux de dire que les Italiens sont de bons vivants. Les gens aiment sortir, se retrouver entre amis : les rues, les cafés, les pizzerias, les restaurants sont pleins. Notons que plus on va vers le sud et plus c'est vrai. Eh oui, l'ensoleillement y est pour quelque chose !

La poignée de main est le geste le plus courant. Si c'est la première fois que vous rencontrez la personne vous devez vous présenter par votre prénom que vous faites suivre de **piacere** *(pia-tché-ré)* (enchanté) qui est bien plus usité qu'en France, même entre jeunes. À un ami, vous faites la bise (deux et pas quatre !) ou vous donnez l'accolade, surtout si cela fait un moment que vous ne l'avez pas vu. La bise est beaucoup moins pratiquée qu'en France, on dit très souvent **ciao** *(tcha-o)* (salut) à ses copains sans faire la bise. Eh oui :

Paese che vai, usanza che trovi.
Pa-é-zé ké vaï, ou-za'n-tsa ké tro-vi.
Autres lieux, autres mœurs !

Chapitre 2

Notions de grammaire

Dans ce chapitre :

- Construire des phrases simples
- Se familiariser avec le genre et le nombre des articles, des noms et des adjectifs
- Tour d'horizon des pronoms
- Le vouvoiement n'a rien à voir avec « vous »
- Verbes réguliers et… quelques verbes irréguliers
- Découverte du passé, du présent et du futur

Grammaire ! Conjugaison ! Quelle barbe ! Est-ce bien nécessaire, me direz-vous ? OUI ! Sans elles, impossible de conjuguer un verbe, de faire une phrase, bref de se faire comprendre. La grammaire est un ensemble de règles nécessaires à la communication : essayez donc de parler le français sans utiliser la grammaire ! Allez ! Ne la voyez pas comme une contrainte mais comme un outil vous aidant à construire des phrases… et à vous exprimer tout simplement !

La construction de la phrase

Parler couramment une langue étrangère demande beaucoup de temps et d'énergie. Se faire comprendre en utilisant des phrases simples est davantage à la portée de tout un chacun. Il suffit de connaître peu de mots pour communiquer dans des situations de la vie courante : au restaurant ou à l'hôtel par exemple.

Faire des phrases simples n'est pas compliqué ! La structure est la même qu'en français : *sujet-verbe-complément*. Voici quelques exemples :

- **Carla parla francese.** *(car-la par-la fra'n-tché-zé)* (Carla parle français.)
- **Pietro ha una macchina.** *(pié-tro a ou-na mak-ki-na)* (Pietro a une voiture.)

Attention : lorsque le sujet n'est pas désigné par un nom, contrairement au français qui utilise un pronom personnel sujet, par ex. « Tu as une voiture », l'italien n'utilise pas de pronom mais directement le verbe. On dira donc **Hai una macchina** *(aï ou-na mak-ki-na)* (Tu as une voiture) et non **Tu hai una macchina** *(tou aï ou-na mak-ki-na)* qui veut dire : Toi, tu as une voiture. Et l'on se comprend très bien car la conjugaison est différente à chaque personne.

Voici le verbe **avere** *(a-vé-ré)* (avoir) :

Conjugaison	***Prononciation***
io ho	*i-o o*
tu hai	*tou aï*
lui / lei ha	*lou-i / lèï a*
noi abbiamo	*noï ab-bia-mo*
voi avete	*voï a-vé-té*
loro hanno	*lo-ro a'n-no*

Les pronoms personnels ont ici pour unique fonction de vous indiquer la personne, il ne s'agit pas d'équivalents de ***je, tu, il,*** etc.

Voici des exemples d'utilisation du verbe avoir dans une phrase où le sujet n'est pas désigné par un nom :

- **Ho un cane.** *(o ou'n ca-né)* (J'ai un chien.)
- **Hai un cane.** *(aï ou'n ca-né)* (Tu as un chien.)

Lorsqu'il y a ambiguïté sur le sujet, par exemple si l'on parle d'une tierce personne ou s'il s'agit d'une phrase où plusieurs personnes peuvent être confondues, on utilise un mot identifiant le sujet : ici le prénom.

Luca ha fame. Mangia una mela. *(lou-ca a fa-mé ma'n-dja ou-na mé-la)* (Lucas a faim. Il mange une pomme.)

Les articles, les noms et les adjectifs

L'italien a beaucoup plus d'articles que le français. Ce n'est donc pas la partie de la grammaire la plus facile ! Méfiez-vous du genre ! Un mot (et donc les articles et les adjectifs, qui s'accordent avec lui) masculin en français n'est pas forcément masculin en italien. Quant au pluriel, il nous réserve des surprises…

Les articles définis masculins

Il existe trois articles définis masculins singuliers correspondant à « le » :

il *(il)* ex. : **il gatto** *(il gat-to)* (le chat).

lo *(lo)* qui s'utilise devant les noms commençant par ***z,*** comme dans **lo zio** *(lo zi-o)* (l'oncle) ; par ***y,*** **lo yogurt** *(lo yo-gourt)* (le yaourt) ; par ***gn,*** **lo gnomo** *(lo gno-mo)* (le gnome) ; par un ***s*** suivi d'une consonne – ***st, sb, sc, sd,*** etc. – par exemple, **lo studente** *(lo stou-dè'n-té)* (l'étudiant) ; par ***p*** + ***s*** lo **psicologo** *(lo psi-co-lo-go)* (le psychologue) ; et par *x*, lo **xilofono** *(lo xi-lo-fo-no)* (le xylophone). Ouf ! C'est tout !

l' devant une voyelle, **l'amico** *(la-mi-ko)* (l'ami). Il s'agit d'une contraction de **lo.**

Maintenant voyons le pluriel qui correspond à « les ». Plus simple, ne vous inquiétez pas :

i *(i)* : **i gatti** *(i gat-ti)* (les chats) : c'est le pluriel de **il ;**

gli *(lli)* : **gli studenti** *(lli stou-dè'n-ti)* (les étudiants) et **gli amici** *(lli a-mi-tchi)* (les amis) : c'est le pluriel de **lo** et **l'.**

Les articles définis féminins

L'article défini féminin singulier est **la** *(la)* (la), par exemple **la casa** *(la ca-za)* (la maison). Devant un nom commençant par une voyelle, on utilise **l' : l'amica** *(la-mi-ca)* (l'amie). Jusqu'à présent, pas de problème ! Au pluriel, il existe un article uniquement pour le féminin, c'est **le** *(lé)* : **le case** *(le ca-zé)* (les maisons). On n'utilise jamais **l'** devant un nom pluriel commençant par une voyelle : **le amiche** *(le a-mi-ké)* (les amies).

Les articles indéfinis masculins

Il existe deux articles indéfinis masculins singuliers (seulement deux !) :

un *(ou'n)* (un) : **un gatto** *(ou'n gat-to)* (un chat) ; **un amico** *(ou'n a-mi-ko)* (un ami).

uno *(ou-no)* (un) est l'équivalent indéfini de **lo**, il s'utilise donc dans tous les cas où l'on a vu l'usage de ce dernier : **uno studente** *(ou-no stou-dè'n-té)* (un étudiant).

Au pluriel, il existe deux articles correspondant à « des » :

dei *(dèï)* : **dei gatti** *(dèï gat-ti)* (des chats) : c'est le pluriel de **un.**

degli *(dé-lli)* **: degli studente** *(dé-lli stou-dè'n-ti)* (des étudiants) ; **degli amici** *(dé-lli a-mi-tchi)* (des amis) : c'est le pluriel de **uno** et **de un** lorsque celui-ci est suivi d'un nom commençant par une voyelle.

Les articles indéfinis féminins

L'article indéfini féminin singulier est **una** *(ou-na)* (une) : **una casa** *(ou-na ca-za)* (une maison). Si le nom commence par une voyelle, le ***-a*** s'élide et est remplacé par une apostrophe, comme pour l'article défini : **un'amica** *(ou-na-mi-ca)* (une amie). Le pluriel est **delle** *(dèl-lé)* (des) : **delle case** *(dèl-lé ca-zé)* (des maisons) ; **delle amiche** *(dèl-lé a-mi-ké)* (des amies).

Pour résumer, voici un petit tableau :

Tableau 2-1 : Les articles

	Les articles définis		Les articles indéfinis	
	singulier	*pluriel*	*singulier*	*pluriel*
masculin	**Il**	**i**	**un**	**dei ; degli** + voyelle
	lo	**gli**	**uno**	**degli**
	l'	**gli**		
féminin	**la**	**le**	**una**	**delle**
	l'	**le**	**un'**	**delle**

Les noms

Dans les paragraphes concernant les articles, vous aurez remarqué que la terminaison du nom change selon le genre et le nombre. La plupart des noms masculins singuliers se terminent par ***-o*** et font leur pluriel en ***-i*** : **il gatto** *(il gat-to)* (le chat) – **i gatti** *(i gat-ti)* (les chats). Il ne vous aura pas échappé non plus que – contrairement au français – il existe un pluriel pour le féminin. La majorité des noms féminins singuliers se terminent par ***-a*** et font leur pluriel en ***-e*** : **la casa** *(la ca-za)* (la maison) – **le case** *(le ca-zé)* (les maisons). Certains noms se terminent par ***-e***, qu'ils soient masculins ou féminins, et font leur pluriel en ***-i*** : **il fiume** *(il fiou-mé)* (le fleuve) – **i fiumi** *(i fiou-mi)* (les fleuves) ; **la valle** *(la val-lé)* (la vallée) – **le valli** *(lé val-li)* (les vallées). Dans ces deux exemples, seul l'article vous permet de connaître le genre des noms, leur terminaison étant identique.

Les adjectifs

L'adjectif s'accorde en genre et en nombre avec le nom qu'il accompagne (vous avez déjà entendu ça quelque part, non ? Souvenirs, souvenirs).

Les adjectifs masculins singuliers se terminant par **-o** font leur pluriel en ***-i* : il grosso gatto** *(il gros-so gat-to))* (le gros chat) – **i grossi gatti** *(i gros-si gat-ti)* (les gros chats). Les adjectifs féminins singuliers se terminant par ***-a*** font leur pluriel en ***–e* : *la* grossa gatta** *(la gros-sa gat-ta)* (la grosse chatte) – **le grosse gatte** *(lé gros-sé gat-té)* (les grosses chattes).

Voyons quelques autres exemples :

- **il ragazzo italiano** *(il ra-gat-tso i-ta-lia-no)* (le garçon ; jeune homme ; mec italien)
- **i ragazzi italiani** *(i ra-gat-tsi i-ta-lia-ni)* (les garçons ; jeunes gens ; mecs italiens)
- **la ragazza italiana** *(la ra-gat-tsa i-ta-lia-na)* (la fille ; jeune fille ; nana italienne)
- **le ragazze italiane** *(le ra-gat-tsé i-ta-lia-ne)* (les filles ; jeunes filles ; nanas italiennes)

Certains adjectifs, qui peuvent être masculins ou féminins, se terminent par ***-e*** et font leur pluriel en ***-i* :** par ex. **grande** *(gra'n-dé)* (grand, grande) devient **grandi** *(gra'n-di)* (grands, grandes) au pluriel.

- **il fiume grande** *(il fiou-mé gra'n-dé)* (le grand fleuve)
- **i fiumi grandi** *(i fiou-mi gra'n-di)* (les grands fleuves)
- **la casa grande** *(la ca-za gra'n-dé)* (la grande maison)
- **le case grandi** *(le ca-zé gra'n-di)* (les grandes maisons)

Certains adjectifs peuvent se placer avant ou après le nom, sans que leur signification ne change. Dans le second exemple, mettre l'adjectif après le nom permet d'insister sur la taille de la maison.

una piccola casa *(ou-na pic-co-la ca-za)* (une petite maison)

una casa piccola *(ou-na ca-za pic-co-la* (une maison petite)

D'autres changent de signification selon qu'ils sont placés avant ou après le nom :

una cara amica *(ou-na ca-ra a-mi-ca)* (une amie très chère)
un CD caro *(ou'n tchi-di ca-ro)* (un CD cher)

un certo signore *(ou'n tcher-to si-gno-ré)* (un certain monsieur)
una cosa certa *(ou-na co-za tcher-ta)* (une chose sûre)

diverse macchine *(di-ver-sé mak-ki-né)* (plusieurs voitures)
penne diverse *(pé'n-né di-ver-sé)* (des stylos différents)

un grand'uomo *(ou'n gra'n-douo-mo)* (un grand homme)
un uomo grande *(ou'n ouo-mo gra'n-dé)* (un homme grand)

un povero ragazzo *(ou'n po-vé-ro ra-gat-tso)* (un pauvre garçon)
un ragazzo povero *(ou'n ra-gat-tso po-vé-ro)* (un garçon pauvre)

una semplice domanda *(ou-na sé'm-pli-tché do-ma'n-da)* (une simple question)
una domanda semplice *(ou-na do-ma'n-da sé'm-pli-tché)* (une question facile)

l'unica occasione *(lou-ni-ca oc-ca-zio-né)* (la seule occasion)
un'occasione unica *(ou-noc-ca-zio-né ou-n i-ca)* (une occasion unique)

Les pronoms personnels

Il existe plusieurs formes de pronoms personnels : COD (complément d'objet direct), COI (complément d'objet indirect), les formes fortes utilisées après les prépositions et les formes accentuées ou pleines. On commencera par celles-ci car elles risquent d'être confondues avec les pronoms personnels sujets qui n'existent pas en italien.

Les pronoms personnels sujets

Ils n'existent pas ! Mais alors, comment se comprendre lorsque le sujet n'est pas indiqué par un nom ? Facile : la terminaison du verbe suffit à indiquer la personne, on dira : **Ho un gatto.** *(o ou'n gat-to)* (J'ai un chat.). **Io, ho un gatto** *(i-o o ou'n gat-to)* signifie « Moi, j'ai un chat », qui peut d'ailleurs se dire **Ho un gatto, io** *(o ou'n gat-to i-o)*.

Les formes accentuées ou pleines

Les pronoms présentés dans le tableau ci-dessous sont employés pour insister, souligner un contraste ou indiquer une spécification. Attention, contrairement à leurs équivalents français, on ne les utilise pas après les prépositions : « avec moi » se dira **con me** *(co'n mé)* et non **con io** *(co'n i-o)*.

Tableau 2-2 : Formes accentuées

Pronom	*Prononciation*	*Traduction*
io	*i-o*	moi
tu	*tou*	toi
lui	*lou-i*	lui
lei	*lèï*	elle / vous*
noi	*noï*	nous
voi	*voï*	vous
loro	*lo-ro*	eux / elles

*Forme de politesse, rendez-vous au paragraphe du même nom.

Voici des exemples d'utilisation de ces pronoms qui indiquent le contraste, l'insistance ou la spécification.

- Contraste : **Tu tifi per il Milan, io per la Juventus.** *(tou ti-fi per il mi-la'n i-o per la you-vè'n-tous)* (Toi, tu es pour le Milan AC, moi pour la Juventus.)
- Insistance : **Vieni anche tu alla festa?** *(vié-ni a'n-ké tou al-la fè-sta)* (Toi aussi tu viens à la fête ?)

- Spécification : **Chi è? Sono io.** *(ki è so-no i-o)* (Qui c'est ? C'est moi.)

Les pronoms COD (complément d'objet direct)

Vous avez bien de vieux souvenirs d'école ? Non ? Voilà qui va vous rafraîchir la mémoire.

- J'ai vu Paul hier.
  - « Paul » est le COD du verbe voir. Si on le remplace par un pronom :
- Je ***l'***ai vu hier.
  - « ***l'*** »remplace Paul et est le COD du verbe voir.

Vous devez être impatient de les connaître en italien, pas vrai ?

- **Mi hai chiamato?** *(mi aï kia-ma-to)* (Tu m'as appelé ?)
- **Ti ho chiamato.** *(ti o kia-ma-to)* (Je t'ai appelé.)
- ***Lo* vedo.** *(lo vé-do)* (Je le vois.)
- ***La* vedo.** *(la vé-do)* (Je la vois.)
- ***La* ringrazio.** *(la ri'n-gra-tsio)* (Je vous remercie.) [forme de politesse]
- ***Ci* hanno invitati.** *(tchi a'n-no i'n-vi-ta-ti)* (Ils nous ont invités.)
- ***Vi* ringrazio.** *(vi ri'n-gra-tsio)* (Je vous remercie) [p] *
- ***Li* ho visti. (i ragazzi)** *(li o vi-sti)* (Je les ai vus) (les garçons)
- ***Le* ho viste. (le ragazze)** *(lé o vi-sté)* (Je les ai vues) (les filles)

  Lo *(lo)* (le) et **la** *(la)* (la) s'élident devant une voyelle ou un ***h*** muet, on aura donc : **L'ho visto** (*lo vi-sto*) (je l'ai vu) et **L'ho vista** (*lo vi-sta*) (je l'ai vue). **Mi** *(mi)* (me), **ti** *(i)* (te), **ci** *(tchi)* (nous) et **vi** *(vi)* (vous [p]*) peuvent s'élider mais seulement à l'écrit et rarement, vous pouvez donc oublier cette règle ! Les formes pluriels **li** *(li)* (les [m]*). **Le** *(lé)* (les [f]*) ne s'élident jamais.

Pour comprendre comment fonctionne la forme de politesse, rendez-vous un peu plus loin…
* [p] = pluriel ; [m] = masculin ; [f] = féminin

Les pronoms COI (complément d'objet indirect)

Conitnuons à nous rafraîchir la mémoire.

- J'ai donné mon adresse <u>à Paul</u>.
  - « à Paul » est le COI du verbe donner. Si on le remplace par un pronom :
- Je <u>***lui***</u> ai donné mon adresse.
  - ***« lui »*** remplace « à Paul » et est le COI du verbe donner.

Voici les pronoms COI en italien :

- **Mi hai scritto una lettera?** *(mi <u>aï</u> <u>scrit</u>-to ou'na <u>lèt</u>-té-ra.)* (Tu m'as écrit une lettre ?)
- **Ti ho portato un regalo.** *(ti o por-<u>ta</u>-to ou'n ré-<u>ga</u>-lo)* (Je t'ai apporté un cadeau.)
- **Gli ho chiesto un favore**. *(lli o <u>kiè</u>-sto ou'n fa-<u>vo</u>-ré)* (Je lui ai demandé un service.)
- **Le ho dato un bacio.** *(lé o <u>da</u>-to ou'n <u>bat</u>-tcho)* (Je lui ai donné un baiser.) [à elle]
- **Le do il mio indirizzo.** *(lé do il <u>mi</u>-o i'n-di-<u>rit</u>-tso)* (Je vous donne mon adresse.) [forme de politesse]
- **Ci hanno telefonato.** *(ci <u>a'n</u>-no té-lé-fo-<u>na</u>-to)* (Ils nous ont téléphoné.)
- **Vi chiedo scusa.** *(vi <u>kié</u>-do <u>scou</u>-za)* (Excusez-moi.) [p]
- **Gli ho dato un lavoro.** *(lli o <u>da</u>-to ou'n la-<u>vo</u>-ro)* (Je leur ai donné du travail.) [à eux, à elles]

Vous avez remarqué que **gli** *(lli)* (lui) [m], pronom de la 3e personne du singulier masculin est aussi le pronom de la 3e personne du pluriel masculin et féminin qui correspond à leur.

Pour comprendre comment fonctionne la forme de politesse, rendez-vous un peu plus loin…

Les formes fortes

Après les prépositions, on emploie les « fortes fortes » : **me** *(mé)* (moi) ; **te** *(té)* (toi) ; **lui** *(lou-i) (lui)* ; **lei** *(lèï)* (elle) ; **Lei** *(lèï)* (vous, forme de politesse [m] et [f]) ; **noi** *(noï)* (nous) ; **voi** *(voï)* (vous) ; **loro** *(lo-ro)* (eux ; elles)

Lorsqu'elles sont précédées de la préposition **a,** elles correspondent aux pronoms COI. On peut utiliser les deux types de pronom dans une même phrase pour marquer l'insistance, comme dans l'exemple suivant :

- **Mi hai scritto una lettera, a me?** *(mi aï scrit-to ou-na lèt-té-ra a mé)* (Tu m'as écrit une lettre, à moi ?)

Voyons quelques exemples avec d'autres prépositions :

- **Vieni con me?** *(vié-ni co'n mé)* (Tu viens avec moi ?)
- **È per te.** *(è per té)* (C'est pour toi.)
- **Sta da loro.** *(sta da lo-ro)* (Il reste chez eux.)

Bon, ça c'est facile ! Passons à plus scabreux !

La forme de politesse

POINT DE GRAMMAIRE

Il existe trois pronoms pour exprimer le vouvoiement : ***Le**i (lèï) pour les* formes fortes et accentuée, ***La*** *(la)* pour le COD et ***Le*** *(lé)* pour le COI.

Bien que ce soient les pronoms *de la* 3e personne du féminin, ils sont usités aussi pour remplacer un mot masculin. Notez qu'*on les écrit* avec une majuscule *pour les distinguer de* **l'équivalent de** (elle). À l'oral, la situation vous permet en général de comprendre s'il s'agit de la forme de politesse ou *non*. Cependant, s'il y a ambiguïté, par ex. dans la phrase **È sposata ?** *(è spo-za-ta)* (Elle est mariée ?) ou (Vous êtes mariée ?*)*, on mettra le pronom **Lei** devant le verbe : **Lei è sposata ?** *(lèï è spo-za-ta)* (Vous êtes mariée ?). Inversement, dans une situation où l'on veut parler d'une tierce personne : **Vorrei uscire con lei.** *(vor-rèï ou-chi-ré co'n lèï)* (Je voudrais sortir avec elle.), on aura recours à son nom pour clarifier la situation : **Vorrei uscire con Lucia.** *(vor-rèï ou-chi-ré co'n lou-tchi-a)* (Je voudrais sortir avec Lucia.). Votre interlocutrice ne pensera ainsi pas que vous vous adressez à elle **!**

Voici quelques exemples d'utilisation de la forme de politesse au singulier :

- Forme accentuée et forte :
  - **Lei, è il Signor Bianchi ?** *(lèï è il si-gnor bia'n-ki)* (Vous êtes M. Bianchi ?) **Vengo con Lei, Signora Parenti.** *(vè'n-go co'n lèï, si-gno-ra Pa-rè'n-ti)* (Je viens avec vous, Mme Parenti.)
- COD :
  - **La vedo stasera, Signor Grosso ?** *(la vé-do sta-sé-ra si-gnor gros-so)* (Je vous vois ce soir, M. Grosso ?)
- COI :
  - **Le telefono domani.** *(lé té-lé-fo-no do-ma-ni)* (Je vous téléphone demain.)

Pour parler à plusieurs personnes que l'on vouvoie, on emploie ***voi*** *(voï) (vous)*.

L'interrogation

En italien, poser une question est beaucoup plus simple qu'en français, la structure de la phrase est la même que celle de la phrase affirmative, il suffit de mettre un « ? » à l'écrit et de changer d'intonation à l'oral.

Luca va a scuola.
Lou-ca va a scouo-la
Luca va à l'école.

Luca va a scuola?
Lou-ca va a scouola
Luca va à l'école ? ;
Luca va-t-il à l'école ? ;
Est-ce que Luca va à l'école ?

Pour les questions dont la réponse n'est ni « oui » ni « non », l'italien utilise des pronoms et adverbes interrogatifs, qui ressemblent, pour la plupart, beaucoup au français, jugez vous-même :

- **Chi?** *(ki)* (Qui ?)
- **Cosa?** *(co-za)* (Quoi ?)
- **Quando?** *(coua'n-do)* (Quand ?)
- **Dove?** *(do-vé)* (Où ?)
- **Perché?** *(per-ké)* (Pourquoi ?)
- **Come?** *(co-mé)* (Comment ?)

Voici quelques exemples :

- **Chi è?** *(ki è)* (Qui est-ce ?)
- **Cosa stai facendo?** *(co-za staï fa-tchè'n-do)* (Qu'est-ce que tu fais ?)
- **Quando arrivi?** *(coua'n-do ar-ri-vi)* (Quand est-ce que tu arrives ?)
- **Dov'è la stazione?** *(do-vè la sta-tsio-né)* (Où est la gare ?)
- **Perché non sei venuto?** *(per-ké no'n sèï vé-nou-to)* (Pourquoi tu n'es pas venu ?)
- **Come stai?** *(co-mé staï)* (Comment tu vas ?)

Les verbes réguliers et irréguliers

Comme en français, il existe trois groupes de verbes réguliers. Les verbes irréguliers présentent des altérations du radical à certaines personnes et leurs terminaisons peuvent être différentes de celles des verbes réguliers. Pas de panique, vous verrez que souvent les verbes irréguliers le sont aussi en français, ça aide !

Les verbes réguliers

Les verbes réguliers sont classés en trois groupes en fonction de leur terminaison à l'infinitif :

-are, comme **parlare** *(par-la-ré)* (parler) ;
-ere, tel que **credere** *(cré-dé-ré)* (croire) ;
-ire, par ex. **partire** *(par-ti-ré)* (partir). Certains verbes de ce dernier groupe présentent une irrégularité, que nous exposons un peu plus loin.

Pour les conjuguer au présent, le principe est le même qu'en français, on supprime la terminaison de l'infinitif et on la remplace par la terminaison correspondant à chaque personne (au risque de nous répéter, les pronoms ne sont donnés que pour indiquer les personnes).

Conjugaison	***Prononciation***
io parlo	*i-o par-lo*
tu parli	*tou par-li*
lui / lei parla	*lou-i / lèï parla*
noi parliamo	*noï par-lia-mo*
voi parlate	*voï par-la-té*
loro parlano	*lo-ro par-la-no*

Conjugaison	***Prononciation***
io credo	*i-o cré-do*
tu credi	*tou cré-di*
lui / lei crede	*lou-i / lèï cré-dé*
noi crediamo	*noï cré-dia-mo*
voi credete	*voï cré-dé-té*
loro credono	*lo-ro cré-do-no*

Conjugaison	***Prononciation***
io parto	*i-o par-to*
tu parti	*tou par-ti*
lui / lei parte	*lou-i / lèï par-té*
noi partiamo	*noï par-tia-mo*
voi partite	*voï par-ti-té*
loro partono	*lo-ro par-to-no*

Lorsque vous savez conjuguer un verbe d'un groupe, vous savez tous les conjuguer ! Mais attention, pour certains verbes se terminant en ***-ire***, on insère ***-isc-*** entre le radical et la terminaison, sauf aux 1ère et 2e personnes du pluriel, comme c'est le cas pour **capire** *(ca-pi-ré)* (comprendre). Ils ne sont pas « assez » irréguliers pour que les grammairiens italiens les considèrent comme tels !

Conjugaison	***Prononciation***
io capisco	*i-o ca-pi-sco*
tu capisci	*tou ca-pi-chi*
lui / lei capisce	*lou-i / lèï ca-pi-ché*
noi capiamo	*noï ca-pia-mo*
voi capite	*voï ca-pi-té*
loro capiscono	*lo-ro ca-pi-sco-no*

Les verbes irréguliers

Avere *(a-vé-ré)* (avoir) et **essere** *(ès-sé-ré)* (être), qui sont aussi auxiliaires dans la formation des temps composés, sont irréguliers… Rien de très étonnant…

Conjugaison	***Prononciation***
io ho	*i-o o*
tu hai	*tou aï*
lui / lei ha	*lou-i / lèï a*
noi abbiamo	*noï ab-bia-mo*
voi avete	*voï a-vé-té*
loro hanno	*lo-ro a'n-no*

Conjugaison	***Prononciation***
io sono	*i-o so-no*
tu sei	*tou sèï*
lui / lei è	*lou-i / lèï è*
noi siamo	*noï sia-mo*
voi siete	*voï sié-té*
loro sono	*lo-ro so'n-no*

Andare *(a'n-da-ré)* (aller) et **venire** *(vé-ni-ré)* (venir) sont aussi irréguliers : pas de grosse surprise non plus…

Conjugaison	*Prononciation*
io vado	*i-o vado*
tu vai	*tou vaï*
lui / lei va	*lou-i / lèï va*
noi andiamo	*noï a'n-dia-mo*
voi andate	*voï a'n-da-té*
loro vanno	*lo-ro va'n-no*

Conjugaison	*Prononciation*
io vengo	*i-o vè'n-go*
tu vieni	*tou vié-ni*
lui / lei viene	*lou-i / lèï vié-né*
noi veniamo	*noï vé-nia-mo*
voi venite	*voï vé-ni-té*
loro vengono	*lo-ro vè'n-go-no*

Un autre : **porre** *(por-ré)* (poser). Moins évident celui-là…mais vous verrez que ce style d'irrégularité se retrouve… et vous aussi vous finirez par vous y retrouver !

Conjugaison	*Prononciation*
io pongo	*i-o po'n-go*
tu poni	*tou po-ni*
lui / lei pone	*lou-i / lèï po-né*
noi poniamo	*noï po-nia-mo*
voi ponete	*voï po-né-té*
loro pongono	*lo-ro po'n-go-no*

Le passé, le présent et le futur

Voici déjà trois phrases qui vous donneront un avant-goût de la sauce à laquelle vous allez être mangé… Facile pour un francophone, franchement !

- **Ieri ho mangiato un gelato.** *(ié-ri o ma'n-dja-to ou'n djé-la-to)* (Hier, j'ai mangé une glace.)
- **Mangio un gelato.** *(ma'n-djo ou'n djé-la-to)* (Je mange une glace.)
- **Domani mangerò un gelato.** *(do-ma-ni ma'n-djé-ro ou'n djé-la-to)* (Demain, je mangerai une glace.)

Le passé

Nous vous présentons ici uniquement le **passato prossimo** *(pas-sa-to pros-si-mo)* qui correspond au passé composé. Nous n'aborderons pas l'équivalent de l'imparfait ni du passé simple. Notez que celui-ci est utilisé à l'oral au sud de l'Italie (pas au nord), une difficulté en plus pour nous qui l'avons relégué à l'écrit… Le **passato prossimo** se forme avec les auxiliaires **avere** *(a-vé-ré)* (avoir) ou **essere** *(ès-sé-ré)* (être) suivi du participe passé du verbe conjugué. Le participe régulier se construit comme suit : les verbes en ***-are*** font leur participe passé en ***-ato.*** Ex. **parlato** *(par-la-to)* (parlé) ; les verbes en ***-ere, le*** font en ***-uto.*** Ex. **creduto** *(cré-dou-to)* (cru) ; et les verbes en ***-ire,*** le font en ***-ito*** ex. **partito** *(par-ti-to)* (parti).

Voici quelques exemples de **passato prossimo** construit avec **avere…**

- **Ho parlato con lei.** *(o par-la-to co'n lèï)* (Je lui ai parlé.)
- **Maria l'ha creduto.** *(ma-ri-a la cré-dou-to)* (Maria l'a cru.)
- **Abbiamo capito tutto.** *(ab-bia-mo ca-pi-to tout-to)* (Nous avons tout compris.)

… et avec **essere** *(ès-sé-ré)* (être). C'est le cas de nombreux verbes de mouvement. Remarquez la différence entre les deux participes et devinez pourquoi…

- **Anna è andata al cinema.** *(a'n-na è a'n-da-ta al tchi-né-ma)* (Anna est allée au cinéma.)
- **Anche Marco è partito.** *(a'n-ké mar-co è par-ti-to)* (Marco aussi est parti.)

Même si vous avez deviné, nous allons vous révéler le secret (de polichinelle !). Lorsque l'auxiliaire est **essere,** le participe passé s'accorde avec le sujet. Dans la première phrase, le sujet étant Anna, le participe passé se termine par ***-a***, marque du féminin singulier. Dans la seconde phrase le sujet est Marco, la terminaison du participe passé est ***-o***, marque du masculin singulier. Lorsque le sujet est féminin pluriel, le participe se termine par ***-e* (andate)**, marque du féminin pluriel ; et quand il est masculin pluriel, le participe se termine par ***-i* (andati)**, marque du masculin pluriel. Facile, non ?

- **Anna è andata a Milano.** *(a'n-na è a'n-da-ta a mi-la-no)* (Anna est allée à Milan.)
- **Marco è andato a Milano.** *(mar-co è a'n-da-to a mi-la-no)* (Marco est allé à Milan.)
- **Anna e Carla sono andate a Milano.** *(a'n-na é car-la so-no a'n-da-té a mi-la-no.)* (Anna et Carla sont allées à Milan.)
- **Marco e Paolo sono andati a Milano.** *(mar-co é pa-o-lo so-no a'n-da-ti a mi-la-no.)* (Marco et Paolo sont allés à Milan.)

Le présent

Le présent ne présentant pas de difficulté particulière, nous vous renvoyons au paragraphe « Les verbes réguliers et irréguliers ».

Le futur

Le futur se forme en remplaçant la terminaison de l'infinitif par celles du futur. Les verbes en ***-ere*** comme **credere** *(cré-dé-ré)* (croire) se terminent par ***-erò*** à la 1ère personne, ***-erai*** à la 2e, etc. Les verbes en ***-ire*** comme **partire** *(par-ti-ré)* (partir) se terminent par ***-irò, irai***, etc. Les verbes en ***-are*** comme **parlare** *(par-la-ré)* (parler) se terminent par ***-erò***, ***-erai, etc.,*** comme ceux en ***-ere.*** Attention à ce piège ! Remarquez que, suivant le contexte, le français utiliserait un futur simple ou un futur proche.

- **Non partirò domenica.** *(no'n par-ti-ro do-mé-ni-ca)* (Je ne partirai pas dimanche.)
- **Capirai più tardi!** *(ca-pi-raï piou tar-di)* (Tu comprendras plus tard.)
- **Elena non ti credera.** *(é-lé-na non ti cré-dé-ra)* (Elena ne te croira pas.)
- **Finiremo il lavoro fra poco.** *(fi-ni-ré-mo il la-vo-ro fra po-co)* (Nous allons bientôt finir ce travail.)
- **Quando uscirete dalla chiesa?** *(coua'n-do ou-chi-ré-té dal-la kié-za)* (Quand sortirez-vous de l'église ?)
- **Studieranno a Venezia l'anno prossimo.** *(stou-dié-ra'n-no a vé-né-tsia la'n-no pros-si-mo)* (Ils étudieront à Venise l'année prochaine.)

Chapitre 3

Tout est affaire de chiffres

Dans ce chapitre :

- Utilisation des nombres
- Diverses opérations bancaires
- Changer de l'argent

Les nombres

Si vous ne connaissez pas les nombres, vous pouvez être bloqué dans la plus simple des conversations… pour dire votre âge, combien de temps vous restez en Italie, combien vous voulez de sandwichs… Au marché ou à la banque, vous n'en ferez pas l'économie. Pour vous faire indiquer un chemin, vous devrez connaître les nombres ordinaux.

Tout en lisant ces paragraphes, reportez-vous au tableau page suivante et tout vous semblera beaucoup plus clair !

Quand vous savez compter de zéro à dix, vous avez déjà parcouru la moitié du chemin. Après il s'agit plus ou moins de combiner les chiffres entre eux, et d'apprendre les dizaines, centaines, etc. mais ça c'est un jeu d'enfant !

De onze à seize, un francophone a plus de facilité à apprendre les nombres en italien qu'un Italien en français, si ça peut vous consoler ! Petite particularité : l'unité est placée avant la dizaine et les chiffres subissent une légère modification : **undici** *(ou'n-di-tchi)* (onze), **dodici** *(do-di-tchi)* (douze), **tredici** *(trè-di-tchi)* (treize), **quattordici** *(couat-tor-di-tchi)* (quatorze), **quindici** *(coui'n-di-tchi)* (quinze), **sedici** *(sé-di-tchi)* (seize).

À partir de dix-sept, la dizaine est devant comme en français et **dici** devient **dicia** : **diciassette** *(di-tchas-sèt-té)* (dix-sept), **diciotto** *(di-tchot-to)* (dix-huit), **diciannove** *(di-tcha'n-no-vé)* (dix-neuf).

À partir de vingt, c'est comme en français : **ventidue** *(vé'n-ti-dou-é)* (vingt-deux).

Vous aurez remarqué qu'on écrit les nombres tout attachés, qu'ils soient petits ou grands **:** **trecentoventidue** *(trè-tchè'n-to-vé'n-ti-dou-é)* (trois cent vingt-deux) ; **duemilatrecentoventidue** *(dou-é-mi-la-trè-tchè'n-to-vé'n-ti-dou-é)* (deux mille trois cent vingt-deux).

Deux remarques très importantes

Lorsque deux voyelles se côtoient (cela arrive fréquemment avec **uno** *(ou-no)* (un) et **otto** *(ot-to)* (huit)), la première s'élide : **venti + uno s'écrira ventuno** *(vé'n-tou-no)* (vingt et un) ; **dicia + otto s'écrira diciotto** *(di-tchot-to)* (dix-huit).

Le pluriel de **mille** *(mil-lé)* (mille) est **mila** *(mi-la) :* **duemila** *(dou-é-mi-la)* (deux mille).

Notez que l'italien n'a pas d'équivalent pour l'emploi français de « dix-neuf cents », on dira **millenovecento** *(mil-lé-no-vé-tchè'n-to)* (mille neuf cents).

Dans le tableau 3-1, vous avez suffisamment de nombres à votre disposition pour pouvoir créer tous les autres !

Tableau 3-1 : Les nombres

Italien *De 1 à 30*	*Prononciation*	*Nombre*
zero	*dzé-ro*	0
un	*ou-no*	1
due	*dou-é*	2

Tableau 3-1 (suite)

Italien	*Prononciation*	*Nombre*
tre	*trè*	3
quattro	*couat-tro*	4
cinque	*tchi'n-coué*	5
sei	*sèï*	6
sette	*sèt-té*	7
otto	*ot-to*	8
nove	*no-vé*	9
dieci	*dié-tchi*	10
undici	*ou'n-di-tchi*	11
dodici	*do-di-tchi*	12
tredici	*trè-di-chi*	13
quattordici	*couat-tor-di-tchi*	14
quindici	*coui'n-di-tchi*	15
sedici	*sé-di-tchi*	16
diciassette	*di-tchas-sèt-té*	17
diciotto	di-tchot-to	18
diciannove	*di-tcha'n-no-vé*	19
venti	*vé'n-ti*	20
ventuno	*vé'n-tou-no*	21
ventidue	*vé'n-ti-dou-é*	22
ventitré	vé'n-ti-trè	23
ventiquattro	*vé'n-ti-couat-tro*	24
venticinque	*vé'n-ti-tchi'n-coué*	25
ventisei	*vé'n-ti-sèï*	26
ventisette	*vé'n-ti-sèt-té*	27
ventotto	vé'n-tot-to	28
ventinove	*vé'n-ti-no-vé*	29

Tableau 3-1 (suite)

Italien	*Prononciation*	*Nombre*
trenta	*trè'n-ta*	30
Les dizaines de 40 à 90		
quaranta	*coua-ra'n-ta*	40
cinquanta	*tchi'n-coua'n-ta*	50
sessanta	sés-sa'n-ta	60
settanta	*sèt-ta'n-ta*	70
ottanta	*ot-ta'n-ta*	80
novanta	*no-va'n-ta*	90
Les centaines de 100 à 900		
cento	*tchè'n-to*	100
duecento	*dou-é-tchè'n-to*	200
trecento	*trè-tchè'n-to*	300
quattrocento	*couat-tro- tchè'n-to*	400
cinquecento	*tchi'n-coué-tchè'n-to*	500
seicento	*sèï-tchè'n-to*	600
settecento	*sèt-té-tchè'n-to*	700
ottocento	*ot-to-tchè'n-to*	800
novecento	*no-vé-tchè'n-to*	900
À partir de mille		
mille	*mil-lé*	1 000
duemila	*dou-é-mi-la*	2 000
un milione	*ou'n mi-lio-né*	1 000 000
due milioni	*dou-é mi-lio-ni*	2 000 000
un miliardo	*ou'n mi-liar-do*	1 000 000 000

Les nombres ordinaux

Lorsque vous demandez votre chemin, il y a toutes les chances pour que votre interlocuteur utilise des **numeri ordinali** *(nou-mé-ri or-di-na-li)* (nombres ordinaux). Ce sont des adjectifs, ils s'accordent donc avec le nom qu'ils accompagnent. Dans le tableau suivant, nous en dressons la liste jusqu'à dix.

Tableau 3-2 : Nombres ordinaux

Italien	*Prononciation*	*Traduction*
il primo / la prima	*il pri-mo / la pri-ma*	le premier / la première
il secondo / la seconda	*il sé-co'n-do / la sé-co'n-da*	le / la deuxième / second(e)
il terzo / la terza	*il ter-tso / la ter-tsa*	le / la troisième
il quarto / la quarta	*il couar-to / la couar-ta*	le / la quatrième
il quinto / la quinta	*il coui'n-to / la coui'n-ta*	le / la cinquième
il sesto / la sesta	*il sé-sto / la sé-sta*	le / la sixième
il settimo / la settima	*il sèt-ti-mo / la sèt-ti-ma*	le / la septième
l'ottavo / l'ottava	*lot-ta-vo / lot-ta-va*	le / la huitième
il nono / la nona	*il no-no / la no-na*	le / la neuvième
il decimo / la decima	*il dé-tchi-mo / la dé-tchi-ma*	le / la dixième

Vous faites partie de la zone euro ? Oui ? Non ? Ce chapitre vous intéresse ! Si vous n'avez pas besoin de changer des devises, vous ferez sûrement des retraits d'espèces avec votre carte de crédit. Et si le distributeur vous l'avalait ? Cela arrive aussi en Italie !

Aller à la banque

Que vous soyez en voyage d'affaires, en vacances ou en train de vous installer en Italie, vous devrez passer à la banque. Voici un peu de vocabulaire qui vous permettra de vous débrouiller.

Vous aurez peut-être besoin de **cambiare dei franchi svizzeri** *(ca'm-bia-ré dèï fra'n-ki svid-dzé-ri)* (changer des francs suisses) ou **dei dollari canadesi** *(dèï dol-la-ri ca-na-dé-zi)* (des dollars canadiens), **prelevare dei soldi** *(pré-lé-va-ré dèï sol-di)* (retirer de l'argent), **aprire un conto** *(a-pri-ré ou'n co'n-to)* (ouvrir un compte), **versare dei soldi sul Suo conto** *(ver-sa-ré dèï sol-di soul sou-o co'n-to)* (déposer de l'argent sur votre compte), **riscuotere un assegno** *(ri-scouo-té-ré ou'n as-sé-gno)* (encaisser un chèque), **depositare / versare un assegno** *(dé-po-zi-ta-ré / ver-sa-ré ou'n as-sé-gno)* (déposer un chèque)...

Voici quelques petites phrases que vous pourriez entendre ou dire dans ces situations :

- **Può girare l'assegno per favore?** *(pouo dji-ra-ré las-sé-gno per fa-vo-ré)* (Pouvez-vous endosser le chèque s'il vous plaît ?)
- **Aspetto un bonifico, è arrivato?** *(a-spèt-to ou'n bo-ni-fi-co è ar-ri-va-to)* (J'attends un virement, est-il arrivé ?)
- **Non capisco perchè mi è stato addebitato quest'importo.** *(no'n ca-pi-sco per-ké mi è sta-to ad-dé-bi-ta-to coué-sti'm-por-to)* (Je ne comprends pas pourquoi cette somme m'a été débitée.)
- **Quanti giorni ci vogliono per accreditare l'assegno?** *(coua'n-ti djor-ni tchi vo-llio-no per ac-cré-di-ta-ré* las-sé-gno*)* (Combien de jours faut-il pour créditer le chèque ?)
- **Mi dispiace, il suo conto è scoperto.** *(mi di-spia-tché il sou-o co'n-to è sco-per-to)* (Je suis désolé(e), mais votre compte est à découvert.)
- **Vorrei fare la domiciliazione per la bolletta del gas.** *(vor-rèï fa-ré la do-mi-tchi-lia-tsio-né per la bol-lét-ta dél gas)* (Je voudrais demander le prélèvement sur mon compte de la facture du gaz.)

INFO CULTURELLE

Fare la domiciliazione est une expression très idiomatique pour « demander le prélèvement sur son compte » pour payer toutes les factures concernant la maison, électricité, gaz, eau, téléphone… Sinon, vous devrez faire un virement ou aller à la poste pour payer en espèces et bien entendu, on vous prendra une commission. On ne peut pas payer ce genre de choses par chèque en Italie.

Pour vous éviter de vous déplacer pour rien ou d'attendre devant des portes closes, sachez que les banques sont ouvertes du lundi au vendredi généralement de 8 h 30 à 13 h 30 (ou 13 h 45) et de 14 h 30 à 16 heures Les horaires de l'après-midi peuvent différer d'une banque à l'autre et d'une ville à l'autre. Certaines sont ouvertes le samedi matin.

INFO CULTURELLE

En Italie, on peut se présenter à la banque pour encaisser un chèque sans devoir le déposer au préalable sur un compte. On peut aussi encaisser des chèques au porteur.

Changer de l'argent

Cette partie s'adresse avant tout à vous, Suisses et Québécois, qui nous lisez ! Cela étant, même si Belges et Français n'ont plus besoin de changer d'argent, ils trouveront dans cette partie du vocabulaire intéressant et des informations pratiques qui les concernent.

Si vous voulez **cambiare dei franchi svizzeri** *(ca'm-bia-ré dèï fra'n-ki svid-dzé-ri)* (changer des francs suisses) ou **dei dollari canadesi** *(dèï dol-la-ri ca-na-dé-zi)* (des dollars canadiens) **in euro** *(i-nè-ou-ro)* (euros), vous vous rendrez **in banca** *(i'n ba'n-ca)* (à la banque) ou dans **un ufficio di cambio** *(ou-nouf-fi-tcho di ca'm-bio)* (bureau de change).

Dans les endroits touristiques, votre interlocuteur parlera sûrement français mais il se peut que vous arriviez dans une petite ville où l'employé de banque ne parlera que l'italien, alors… il faudra vous débrouiller !

Mots clés

conto corrente [m]	co'n-to cor-rè'n-té	compte courant
estratto conto [m]	è-strat-to co'n-to	extrait de compte
libretto [m] degli assegni	li-brét-to dé-lli as-sé-gni	carnet de chèques
ricevuta [f]	ri-tché-vou-ta	reçu
girare	dji-ra-ré	endosser
accreditare	ac-cré-di-ta-ré	créditer
addebitare	ad-dé-bi-ta-ré	débiter
depositare / versare	dé-po-zi-ta-ré / ver-sa-ré	déposer (un chèque)
riscuotere	ri-scouo-té-ré	encaisser

Cela étant, aujourd'hui, on peut se passer de changer de l'argent et en retirer directement al **bancomat** *(al ba'n-co-mat)* (distributeur automatique). On peut payer avec sa **carta di credito** *(car-ta di cré-di-to)* (carte de crédit), avec des **travellers' cheque** *(tra-veul chèk)* (traveller's cheque, chèques de voyage) et bien sûr en espèces !

Voici quelques phrases qui vous plongeront dans le contexte :

- **Dov'è il bancomat più vicino?** *(do-vè il ba'n-co-mat piou vi-tchi-no)* (Où se trouve le distributeur le plus proche ?)
- **La Sua carta di credito non funziona.** *(la sou-a car-ta di cré-di-to no'n fou'n-tsio-na)* (Votre carte de crédit ne fonctionne pas.)
- **Mi scusi, ma ho solo una banconota da 200 euro!** *(mi scou-zi ma o so-lo ou-na ba'n-co-no-ta da dou-è tchè'n-to è-ou-ro)* (Excusez-moi, mais j'ai seulement un billet de 200 euros !)

Mots clés

cambiare	ca'm-bia-ré	changer
cambio [m]	ca'm-bio	change
banconota [f]	ba'n-co-no-ta	billet de banque
spiccioli [m p]	spit-tcho-li	petites coupures
commissione [f]	co'm-mis-sio-né	commission

INFO CULTURELLE

Outre « le distributeur de billets », **il bancomat** est une carte de paiement à débit immédiat. Voir après les « Mots clés » le paragraphe sur les cartes.

Utiliser votre carte de crédit

On parle souvent de carte de crédit alors qu'on utilise en réalité une carte de paiement.

En Italie, on fait la distinction entre **la carta di credito** *(la car-ta di cré-di-to)* (la carte de paiement à débit différé) et **il bancomat** *(il ba'n-co-mat)* (la carte de paiement à débit immédiat). Il arrive que les commerçants ne prennent pas la première car ils paient une commission importante pour chaque transaction. Une même carte pouvant avoir les deux fonctions, quand vous présentez la vôtre, on vous demande : **Carta o bancomat?** (Carte de crédit ou de paiement ?) Si vous avez une carte étrangère, le problème ne se posera pas, vous ne devrez pas faire votre code mais signer le ticket. Remarquez que si l'on peut payer quasiment partout avec une carte de crédit, ce n'est pas le cas des chèques, même en euros et même italiens ! Par contre, **il pagamento in contanti** *(il pa-ga-mé'n-to i'n co'n-ta'n-ti)* (le paiement en espèces) est accepté partout !

Carta di credito *(car-ta di cré-di-to),* **bancomat** *(ba'n-co-mat),* **assegno** *(as-sé-gno)* (chèque), **contanti** *(co'n-*

ta'n-ti) (espèces), tout cela sert à une chose : **pagare** *(pa-ga-ré)* (payer) ! Eh oui, en Italie aussi il faut payer pour tout ! Voyons la conjugaison de ce verbe qui présente une particularité puisque, pour des raisons de prononciation, on introduit un **-h** devant la terminaison des 2e personne du singulier et 1ère personne du pluriel.

Conjugaison	***Prononciation***
io pago	*i-o pa-go*
tu paghi	*tou pa-gui*
lui/lei paga	*lou-ï / lèï pa-ga*
noi paghiamo	*noï pa-guia-mo*
voi pagate	*voï pa-ga-té*
loro pagano	*lo-ro pa-ga-no*

Que vous utilisiez votre carte de crédit pour prélever de l'argent au distributeur ou pour faire des achats, vous paierez une commission parfois importante. Renseignez-vous auprès de votre banque avant de partir ainsi que dans les banques italiennes où vous faites les transactions.

Si vous changez ou retirez de l'argent à un guichet de banque, dans un bureau de change ou dans un hôtel, on vous demandera une pièce d'identité :

- **Potrei vedere la sua carta d'identità, per favore?** *(po-trèï vé-dé-ré la sou-a car-ta di-dè'n-ti-ta per fa-vo-ré)* (Je pourrais voir votre carte d'identité, s'il vous plaît ?)
- **Potrebbe darmi il suo passaporto?** *(po-trèb-bé dar-mi il sou-o pas-sa-por-to)* (Vous pourriez me donner votre passeport ?)
- **Mi dia un documento di riconoscimento, per cortesia?** *(mi di-a ou'n do-cou-mé'n-to di ri-co-no-chi-mé'n-to per cor-té-zi-a)* (Avez-vous une pièce d'identité, s'il vous plaît – littéralement : donnez-moi…)

TRUC

Vous avez remarqué l'expression **per cortesia** *(per cor-té-zi-a)* pour dire « s'il vous plaît », elle est au moins aussi employée que **per favore** *(per fa-vo-ré)*.

Mots clés

carta [f] di credito	car-ta di cré-di-to	carte de crédit
bancomat [m]	ba'n-co-mat	distributeur de billets, carte de paiement
contanti [m]	co'n-ta'n-ti	espèces
digitare	di-dji-ta-ré	composer, faire un numéro / code
prelevare	pré-lé-va-ré	retirer
funzionare	fou'n-tsio-na-ré	fonctionner, marcher
documento [m] (di riconoscimento)	do-cou-mé'n-to (di ri-co-no-chi-mé'n-to)	pièce d'identité
per cortesia	per cor-té-zi-a	s'il vous plaît
Che domanda!	Ké do-ma'n-da	Quelle question !

TRUC

Il y a deux verbes pour dire « attendre » : **aspettare** *(a-spèt-ta-ré)*, le plus couramment utilisé, et **attendere** *(at-tè'n-dé-ré)*, plus officiel, que vous entendrez par exemple sur un disque téléphonique : **Si prega di attendere** *(si pré-ga di at-tè'n-dé-ré)* (Nous vous prions d'attendre – littéralement : Vous êtes prié…) .

La monnaie

Comme chacun sait, le bon vieux temps de la lire, qui faisait de chacun un millionnaire, est révolu ! Il y a déjà un moment que nous sommes passés à l'**euro** *(è-ou-ro)* (euro), mot invariable en italien comme tous les noms étrangers. Les Italiens se sont bien plaints de **queste piccole monete** (*coué-sté pic-co-lé mo-né-té*) (ces petites pièces) : **i centesimi** (*i tchè'n-tè-zi-mi*) (centimes) ! Eh oui, ils n'y étaient pas habitués, les centimes de lire n'existaient pas et les pièces étaient rares !

Que vous soyez canadiens, suisses, belges ou français, ce tableau récapitulatif des devises pourra vous être utile.

Tableau 3-3 : Devises

Italien	*Prononciation*	*Traduction*
euro	*è-ou-ro*	euro(s)
dollaro/i canadese/i	*dol-la-ro/i ca-na-dé-zé/i*	dollar(s)
franco / franchi svizzero/i	*fra'n-co/ki svid-dzé-ro/i*	franc(s) suisse(s)

Mots clés

traveller's cheque [m]	tra-veul chèk	traveller's chèques, chèques de voyage
prendere	prè'n-dé-ré	prendre
viaggio [m]	viad-djo	voyage
aeroporto [m]	a-é-ro-por-to	aéroport
vero?	vé-ro	non ? ; n'est-ce pas ?
lo sportello [m]	lo spor-tèl-lo	le guichet

Chapitre 4

Se saluer et faire connaissance : petites conversations

Dans ce chapitre :

- Saluer votre interlocuteur
- Répondre aux salutations
- Vous présenter et présenter d'autres personnes
- Dire d'où vous venez et décrire des lieux
- Faire répéter votre interlocuteur (très utile au début !)
- Parler de la pluie et du beau temps
- Échanger adresses et numéros de téléphone
- Faire une invitation et y répondre

Buongiorno! *(bouo'n-djor-no)* (Bonjour !)

Avez-vous déjà compté le nombre de fois où vous dites « Bonjour » dans une journée ? Sûrement beaucoup plus que vous ne le pensez ! La première chose que l'on fait lorsque l'on rencontre une personne est de la saluer. La première impression que l'autre a de vous, et réciproquement, dépend de ce premier contact.

Selon les pays, la manière de se saluer peut être très différente. Il est donc essentiel de savoir que dire et comment se comporter… et puis, ce n'est pas mal d'ajouter quelques mots pour **rompere il ghiaccio** *(ro'm-pé-ré il guiat-tcho)* (littéralement « rompre la glace », en français on dirait… créer le contact) !

Les salutations

En général, les Italiens sont sociables et avenants, surtout dans le Sud. Ils peuvent tutoyer facilement mais aussi être très courtois, voire cérémonieux. Voici quelques exemples, pour vous familiariser avec les différentes manières de se saluer :

- **Ciao** *(tcha-o)* (Salut,pour dire aussi bien bonjour qu'au revoir)

  Ciao ragazzi! *(tcha-o ra-gat-tsi)* (Salut les potes !)

  L'utilisation de **ragazzi** demande une clarification. Le terme **ragazzo** signifie jeune homme, mec, gars (selon le contexte). Employé au pluriel comme ici, il peut s'adresser à un groupe des deux sexes et pas forcément de jeunes.

- **Salve** *(sal-vé)* (Bonjour)

  Salve ragazzi! *(sal-vé ra-gat-tsi)* (Bonjour [tout le monde] !)

  Salve est intermédiaire entre **ciao** et **buongiorno.** Si **ciao** se dit à des copains, **salve** peut se dire à un voisin, en entrant dans un magasin, à un groupe de personnes : un enseigant pourra dire Salve raggazzi à ses élèves, alors qu'entre copains (pas forcément jeunes) on se dit **Ciao ragazzi.** On ne dira pas **Salve signor Pozzi** mais on peut saluer M. Pozzi en lui disant simplement **Salve.**

- **Buongiorno** *(bouo'n-djor-no)* (Bonjour)

  Buongiorno signora Bruni. *(bouo'n-djor-no si-gno-ra brou-ni)* (Bonjour, Mme Bruni.)

  Buongiorno est la plus respecteuse des formes de salutation. Notez qu'elle s'utilise aussi pour dire « au revoir ». Vous l'entendrez fréquemment en sortant d'un magasin.

- **Buonasera** *(bouo-na-sé-ra)* (Bonsoir)

  Buonasera signor Rossi! *(bouo-na-sé-ra si-gnor ros-si)* (Bonsoir, M. Rossi.)

  Comme en français, on l'utilise quand on rencontre ou quitte quelqu'un.

- **Buonanotte** *(bouo-na-not-té)* (Bonne nuit).

  Buonanotte a tutti! *(bouo-na-not-té a tout-ti)* (Bonne nuit à tous !)

- **Buona giornata!** *(bouo-na djor-na-ta)* (Bonne journée !)

  Comme en français, on l'utilise lorsque l'on quitte quelqu'un.

- **Buona serata!** *(bouo-na sé-ra-ta)* (Bonne soirée !)

  On l'utilise pour souhaiter une bonne soirée à quelqu'un, surtout s'il sort.

- **Addìo** *(ad-di-o)* (Adieu)

  Addìo amore mio! *(ad-di-o a-mo-ré mi-o)* (Adieu mon amour !)

  Vous l'aurez deviné, on est au théâtre ! Comme en français, addìo est littéraire, il ne s'emploie pas dans la vie courante.

- **Arrivederci** *(ar-ri-vé-der-tchi)* (Au revoir)

  Arrivederci signora Eva! *(ar-ri-vé-der-tchi si-gno-ra é-va)* (Au revoir, Mme Eva !)

  Signor ou **signora** peut être suvi d'un prénom sans aucune connotation !

- **La saluto** *(la sa-lou-to)* / **Ti saluto** *(ti sa-lou-to)* (Au revoir)

  La saluto signora *(la sa-lou-to si-gno-ra)* (Au revoir, madame) / **Ti saluto Franco** *(ti sa-lou-to fra'n-co)* (Au revoir, Franco)

  Dans le premier cas, vous vouvoyez la personne, dans le second vous la tutoyez.

Vouvoiement et tutoiement

Il n'y a pas grande différence entre le français et l'italien dans l'usage du vouvoiement et du tutoiement.

N'OUBLIEZ PAS !

Nous vous rappelons que la forme de politesse correspondant à « vous » est la 3e personne du féminin singulier **Lei** *(lèï)*, que l'on s'adresse à une femme ou à un homme. Elle s'utilise dans les mêmes situations qu'en français.

- Comme nous l'avons déjà vu, le tutoiement est plus usité qu'en France. On vous tutoiera facilement dans un magasin ou au restaurant même si vous avez 40 ans, il suffit que vous ayez l'air assez décontracté ou jeune ! Ne vous formalisez donc pas ! Si quelqu'un engage la conversation et passe rapidement au « **tu** » *(tou)*, emboîtez-lui le pas même s'il est plus âgé que vous, à moins que vous ayez 18 ans et lui 70 ! Dans le doute préférez le **Lei** !

Répondre à une salutation

Comme en français, les salutations sont souvent suivies de l'équivalent de « Comment allez-vous ? », « Comment ça va ? », si vous connaissez un peu la personne. Voyons donc comment y répondre.

Vous vouvoyez la personne

Salutation : **Buongiorno signora, come sta?**
bouo'ndjor-no si-gno-ra co-mé sta
Bonjour madame, comment allez-vous ?

Réponse : **Benissimo, grazie, e lei?**
bé-nis-si-mo gra-tsié é lèï
Très bien, merci et vous ?

Vous tutoyez la personne

Salutation : **Ciao, Roberto, come stai?**
tcha-o ro-ber-to co-mé staï
Salut Roberto, ça va ?

Réponse : **Bene, grazie**
bé-né gra-tsié
Bien, merci

Neutre

Salutation : **Salve, come va?**
sal-vé co-mé va
Bonjour, comment ça va ?

Réponse : **Non c'è male.**
no'n tchè ma-lé
Bien bien ; Pas mal ; Bof (tout est dans l'intonation !)

Ce dernier exemple est assez neutre, n'y sont employés ni le vouvoiement ni le tutoiement. S'il s'agit d'une personne que vous vouvoyez, vous la connaissez suffisamment bien et êtes à l'aise avec elle : ce peut être un voisin par exemple.

Les gestes d'accompagnement

La poignée de main est le geste le plus courant. À un ami, ou une amie, selon que vous êtes un homme ou une femme, vous faites la bise (deux et pas quatre !) ou vous donnez l'accolade, surtout si cela fait un moment que vous ne l'avez pas vu. Notez que la bise est pratiquée moins fréquemment qu'en France : on ne fait pas la bise à quelqu'un que l'on rencontre pour la première fois et pas forcément à ses amis chaque fois qu'on les voit.

Au sud, les hommes se font fréquemment la bise entre eux : eh oui ! les Arabes ne sont pas restés là-bas des siècles pour ne rien laisser !

Au revoir et pas adieu

Comme en français, on utilise certaines expressions pour préciser qu'on va se revoir prochainement :

- **A presto!** *(a prè-sto)* (À bientôt !)
- **A dopo!** *(a do-po)* (À plus tard !) ; (À tout de suite !)
- **A domani!** *(a do-ma-ni)* (À demain !)
- **Ci vediamo!** *(tchi vé-dia-mo)* (sens premier de « au revoir » : on va se revoir. On peut le traduire par « à bientôt », « à plus tard », « à un de ces jours », selon le contexte.)

  Ci vediamo peut être suivi d'autres expressions :

  - **Ci vediamo presto!** *(tchi vé-dia-mo prè-sto)* (À bientôt !)
  - **Ci vediamo dopo!** *(tchi vé-dia-mo do-po)* (À plus tard !) ; (À tout de suite !) ; (On se retrouve plus tard !)

- **Ci vediamo domani!** *(tchi vé-dia-mo do-ma-ni)* (À demain !) ; (On se voit demain alors !)

Après **ci vediamo**, on peut ajouter un jour de la semaine, une heure pour préciser un rendez-vous. Par exemple : **Ci vediamo lunedì alle cinque.** *(tchi vé-dia-mo lou-né-di al-lé tchi'n-coué)* (Rendez-vous lundi à cinq heures) ; (On se voit lundi à cinq heures).

Reportez-vous au chapitre 3 pour les jours de la semaine et l'heure.

Les présentations

Le premier contact avec une personne consiste souvent en une poignée de main. Notez deux différences notoires avec les habitudes françaises :

- vous devez vous présenter par votre prénom ou votre nom, dans ce dernier cas sans le faire précéder de monsieur ou madame (dans une ambiance de travail par exemple). Puis vous poursuivez en disant **piacere** *(pia-tché-ré)* (enchanté) qui est bien plus usité qu'en France, même entre jeunes,
- il est courant de s'adresser à quelqu'un en l'appelant par le titre correspondant à sa profession, par exemple à un ingénieur on ne dira pas : **Buongiorno signore** *(bouo'n-djor-no si-gno-ré)* (Bonjour monsieur) mais **Buongiorno ingegnere** *(bouo'n-djor-no i'n-djé-gné-ré)* (Bonjour ingénieur), le second étant considéré comme plus respectueux et ce, même en dehors du lieu de travail. Le titre **dottore** *(dot-to-ré)* (docteur) est utilisé pour qui est **laureato** *(laou-ré-a-to)* (c'est-à-dire qui a diplôme correspondant plus ou moins à une maîtrise). Si quelqu'un vous présente une carte de visite où apparaît son titre, adressez-vous à lui en conséquence.

Pour l'usage du vouvoiement ou du tutoiement, reportez-vous au paragraphe du même nom un peu plus haut dans ce chapitre. Si vous ne savez pas trop sur quel pied danser, emboîtez le pas à votre interlocuteur.

Se présenter

Le verbe **chiamarsi** *(kia-mar-si)* (s'appeler) est un verbe pronominal. Vous l'utiliserez assez peu pour vous présenter, car il vous suffira de décliner votre prénom ou votre nom, mais beaucoup pour vous enquérir du nom de quelqu'un.

Conjugaison	***Prononciation***
mi chiamo	*mi kia-mo*
ti chiami	*ti kia-mi*
si chiama	*si kia-ma*
ci chiamiamo	*tchi kia-mia-mo*
vi chiamate	*vi kia-ma-té*
si chiamano	*si kia-ma-no*

Voici quelques exemples en contexte :

- **Ciao, mi chiamo Eva.** *(tcha-o mi kia-mo é-va)* (Salut, je m'appelle Eva.)
- **E tu come ti chiami?** *(é tou co-mé* ti kia-mi*)* (Et toi, comment tu t'appelles ?)
- **Come si chiama**, **lui**? *(co-mé* si kia-ma lou-i*)* (Comment il s'appelle, lui ?)
- **Lei si chiama?** *(lèï si kia-ma)* (Vous vous appelez ?)

Rappelez-vous que la 3e personne du singulier féminin s'utilise aussi pour vouvoyer son interlocuteur, que ce soit une femme ou un homme.

TRUC

Notez un usage très différent du français, où l'on utilise le verbe **essere** *(ès-sé-ré)* (être) comme équivalent de « s'appeler » : sono **Pietro** *(so-no pié-tro)* (littéralement « je suis » Pietro, pour dire « je m'appelle » Pietro).

Les enfants et les jeunes font moins de cérémonie, tout en restant très polis :

Ciao! Sono Giulio.
tcha-o so-no djou-lio
Salut ! Je m'appelle Giulio.

E io sono Giulia, piacere.
é i-o so-no djou-lia pia-tché-ré
Moi, c'est Giulia, enchantée.

L'exemple suivant met en scène une situation plus décontractée, une rencontre en boîte ou à la plage par exemple :

Come ti chiami?
co-mé ti kia-mi
Comment tu t'appelles ?

Chiara. E tu?
kia-ra é tou
Chiara, et toi ?

Amedeo.
a-mé-dé-o
Amedeo.

L'italien est plus cérémonieux que le français, surtout lorsque l'on vouvoie la personne mais vous allez voir que même quand on se tutoie, les rapports sont plus codifiés.

Voyons la même situation où les protagonistes sont des jeunes. Lorsque l'italien est très différent du français, en plus de la traduction, nous avons exceptionnellement traduit entre parenthèses la formulation italienne, pour vous aider à vous y retrouver.

Amici *(a-mi-tchi)* (amis) ; (copains) est le pluriel masculin. Comme en français, il se réfère à plusieurs personnes dont une au moins est de sexe masculin ; pour le féminin pluriel, on emploierait **amiche** *(a-mi-ké)* (amies) ; (copines).

Notez que lorsque vous vous présentez par votre prénom ou votre nom, vous serrez la main de votre interlocuteur même si vous êtes déjà en conversation. Patrizia ajoute même **ciao** qu'elle n'a pas encore dit.

Présenter d'autres personnes

Le vocabulaire utilisé dans les phrases suivantes vous aidera à présenter d'autres personnes et à indiquer la relation qu'il y a entre elles et vous :

- **mio fratello** *(mi-o fra-tèl-lo)* (mon frère)
- **mia sorella** *(mi-a so-rèl-la)* (ma sœur)
- **mia figlia** *(mi-a fi-llia)* (ma fille)
- **mio figlio** *(mi-o a fi-llio)* (mon fils)
- **mio marito** *(mi-o ma-ri-to)* (mon mari)
- **mia moglie** *(mi-a mo-llié)* (ma femme)
- **il mio amico** *(il mi-o a-mi-co)* (mon ami)
- **la mia amica** *(la mi-a a-mi-ca)* (mon amie)
- **il mio collega** *(il mi-o col-lè-ga)* (mon collègue)
- **la mia collega** *(la mi-a col-lè-ga)* (ma collègue)

Vous avez probablement remarqué l'article dans **la mia amica** et son absence dans **mia sorella**. La règle est la suivante : les adjectifs possessifs sont précédés de l'article défini qui s'accorde en genre et en nombre, excepté ceux qui sont suivis d'un nom de membre de la famille au singulier (sauf **loro : on dira il loro figlio** *(il lo-ro fi-llio)* (leur fils)).

Pour vous faciliter la tâche, voici la conjugaison du verbe **presentare** *(pré-zè'n-ta-ré)* (présenter).

Conjugaison	***Prononciation***
io presento	*i-o pré-zè'n-to*
tu presenti	*tou pré-zè'n-ti*
lui / lei presenta	*lou-i / lèi pré-zè'n-ta*
noi presentiamo	*noï pré-zè'n-tia-mo*
voi presentate	*voï pré-zè'n-ta-té*
loro presentano	*lo-ro pré-zè'n-ta-no*

Comme nous l'avons déjà souligné, les présentations en italien entre personnes se vouvoyant sont plus cérémonieuses qu'en français, ce dialogue en est un bon exemple.

Devant un nom propre **signore** devient **signor**. Il est précédé de l'article lorsque l'on ne s'adresse pas à la personne. De même on dira **la signora** en parlant d'une tierce personne pour dire « la dame » : **conosci la signora bionda?** *(co-no-chi la si-gno-ra bio'n-da)* (Tu connais la dame blonde ?) ; ou « Mme Une telle » : **Le presento la signora Rossi.** *(lé pré-zè'n-to la si-gno-ra ros-si)* (Je vous présente Mme Rossi.)

Remarquez que même dans un contexte où l'on se tutoie et où l'on se dit « **ciao** », on ajoute **« piacere »** et on se sert la main. (Ah ! mais c'est vrai vous n'avez pas l'image !)

Mots clés

buongiorno	bouo'n-djor-no	bonjour
piacere	pia-tché-ré	enchanté
conoscere	co-no-ché-ré	connaître
marito [m]	ma-ri-to	mari
moglie [f]	mo-llié	femme

Aller plus loin...

Après le premier pas, qui consiste à se présenter, si le courant passe bien avec votre interlocuteur, vous aurez envie d'aller plus loin. Voici différents sujets que vous pourrez aborder pour mieux le connaître.

Votre interlocuteur parle-t-il français ?

« Pèt ben qu'si, pèt ben qu'non ». Le français n'est pas la langue étrangère la plus parlée en Italie, surtout parmi les jeunes qui apprennent en grande majorité l'anglais à l'école. Vous aurez plus de chance avec des gens autour de la quarantaine car, lorsqu'ils allaient à l'école le français était quasiment la seule langue étrangère dispensée. Et si votre interlocuteur ne parle pas français ? Eh bien, lancez-vous avec votre bagage en italien, si léger soit-il !

Pour savoir si la personne qui est en face de vous parle français, vous allez assurément le lui demander en italien. Le verbe **parlare** *(par-la-ré)* (parler) est un verbe régulier composé du radical ***parl-*** *(parl)* et de la terminaison ***-are*** *(a-ré)* à l'infinitif (pour la conjugaison, reportez-vous au paragraphe intitulé « *Les verbes réguliers* » au chapitre 2).

Mais voyons un peu l'utilisation de ce verbe en contexte :

- **Parlo molto e volentieri!** *(par-lo mol-to é vo-lè'n-tiè-ri)* (Je parle beaucoup et facilement (volontiers) !)
- **Parli francese?** *(par-li fra'n-tché-zé)* (Tu parles français ?)
- **Parla italiano?** *(par-la i-ta-lia-no)* (Vous parlez italien ?)
- **Oggi parliamo di musica americana.** *(od-dji par-lia-mo di mou-zi-ca a-mé-ri-ca-na)* (Aujourd'hui, nous parlons de musique américaine.)
- **Se parlate non si sente più!** *(sé par-la-té si sè'n-té piou)* (si vous parlez, on n'entend plus rien !)
- **Parlano sempre di viaggi.** *(par-la-no sè'm-pré di viad-dji)* (ils parlent tout le temps de voyages.)

INFO CULTURELLE

Un proverbe italien dit : **Parla come mangi!** *(par-la co-mé ma'n-dji)* (Parle comme tu manges !). Il s'adresse aux prétentieux qui parlent, voyez-vous, avec suffisance. En fait, il les remet à leur place pour qu'ils parlent normalement… comme ils mangent.

Quel nom utiliser pour les femmes mariées?

Une femme mariée garde l'usage de son nom de jeune fille, non seulement pour l'administration mais aussi dans la vie courante : ses collègues, son patron, ses voisins, ses amis continueront de l'appeler par son nom de jeune fille. Dans certaines circonstances, des femmes font le choix de porter le nom de leur mari (parce qu'il est connu par exemple). On appellera aussi une femme par son nom marital si l'on connaît celui de son mari sans connaître le sien. Ces situations restent cependant marginales.

À Naples . . .

Dans les bus et les taxis, on peut lire : **Non parlate al conducente!** *(no'n par-la-té al co'n-dou-tchè'n-té)* (Il est interdit de parler au chauffeur !). À Naples, il est indiqué : **Non rispondete al conducente!** *(no'n ri-spo'n-dé-té al co'n-dou-tchè'n-té)* (Il est interdit de répondre au chauffeur !). Vous devinez pourquoi ?

Les Napolitains sont réputés pour parler beaucoup et avec ferveur... et pour utiliser des mots que vous ne trouverez pas dans ce livre !

POINT DE GRAMMAIRE

Quante *(coua'n-té) (combien)* est ici un adjectif qui s'accorde en genre et en nombre avec le nom féminin pluriel.

D'où venez-vous ?

Rencontrer des gens d'autres pays est toujours très intéressant. Pour savoir d'où ils viennent, vous devez leur poser la question ! Voici deux façons de le faire (vous vouvoyez votre interlocuteur) et deux manières de répondre :

- **Da dove viene?** *(da do-vé vié-né)* (D'où venez-vous ?)
- **Vengo da . . .** *(vè'n-go da)* (Je viens de...)
- **Di dov'è?** *(di do-vè)* (D'où êtes-vous ?)
- **Sono di . . .** *(so-no di)* (Je suis de...)

Maintenant, vous pouvez vous exercer en insérant dans ces phrases des noms de villes ou de pays.

L'élision dans **dov'è** (**dove** + **è**) : faites attention à la prononciation pour bien distinguer **dove** *(dové)* (où) et **dov'è** *(dovè)* (où est / êtes...).

Au « de » français correspond **di** et **da** en italien : **di** indique l'origine et **da** la provenance. **Venire** *(vé-ni-ré)* (venir) se construit avec la préposition **da**.

Pour connaître la nationalité de votre interlocuteur, avec une question-réponse du type « Êtes-vous... ? » « oui, je suis » :

- **È francese?** *(è fra'n-tché-zé)* (Vous êtes français ?)
- **No, sono belga.** *(no so-no bèl-ga)* (Non, je suis belge.)

Belga comme **francese** est tant masculin que féminin. Au masculin pluriel, on dira **i belgi** *(i bèl-dji)* et **i francesi** (i *fra'n-tché-zi)* et au féminin pluriel : **le belghe** *(lé bèl-gué) et* **le francesi** *(lé fra'n-tché-zi)* (reportez-vous aux paragraphes « Les noms » et « Les adjectifs » au chapitre 2 et aux tableaux 4-1 et 4-2 un peu plus loin).

Comme nous l'avons vu dans le chapitre 2 « Les pronoms personnels », le pronom sujet n'existe pas en italien, la terminaison suffisant à indiquer la personne. On utilisera la forme accentuée pour mettre en relief le sujet : **Lei è italiano?** (*lèï è i-ta-lia-no*) (Vous, vous êtes italien ?) ; pour clarifier une situation **Lei è italiana?** (*lèï è i-ta-lia-na)* (Vous êtes italienne ? : je m'adresse à vous, je ne parle pas d'une tierce personne). L'usage de **Lei** (forme de politesse) est assez fréquent pour éviter justement cette confusion. Autre exemple, qui marque, lui, un contraste : **Loro sono americani, ma io sono italiano** *(lo-ro so-no a-mé-ri-ca-ni ma i-o so-no i-ta-lia-no)* (ils sont américains mais, moi, je suis Italien).

TRUC

À la question **Di dov'è?** (*di do-vè*) (D'où êtes-vous ?), il serait en fait plus juste de répondre **vengo dal Canada** *(vè'n-go dal ca-na-da)* (je viens du Canada) que **sono canadese** *(so-no ca-na-dé-zé)* (je suis canadien) qui répond à la question **Di che nazionalità è?** *(di ké na-tsio-na-li-ta è)* (De quelle nationalité êtes-vous ?). Mais dans une conversation, on n'est jamais aussi rigide car ce qui compte ce ne sont pas tant les mots mais ce que l'on veut signifier !

Voici la conjugaison du verbe **venire** *(vé-ni-ré)* (venir). Lorsqu'il indique la provenance, il est suivi de la préposition **da** *(da)* (de) : **Vengo dalla Francia** (*vè'n-go dal-la* fra'n-tcha) (Je viens de France).

Conjugaison	***Prononciation***
io vengo	*i-o vè'n-go*
tu vieni	*tou vié-ni*
lui / lei viene	*lou-i / lèï vié-né*
noi veniamo	*noï vé-nia-mo*
voi venite	*voï vé-ni-té*
loro vengono	*lo-ro vè'n-go-no*

Quelques phrases utilisant le verbe **venire** construit avec la préposition **da :**

- **Vengo dal Belgio.** *(vè'n-go dal bèl-djo)* (Je viens de Belgique.)
- **Vieni dalla Svizzera?** *(vié-ni dal-la svit-tsé-ra)* (Tu viens de Suisse ?)
- **Viene dalla Francia?** *(vié-né dal-la fra'n-tcha)* (Il/Elle vient de France ?) ; (Vous venez de France ?)

- **Veniamo dall'Italia.** *(vé-nia-mo dal-li-ta-lia)* (Nous venons d'Italie.)
- **Venite dal Canada?** *(vé-ni-té dal ca-na-da)* (Vous venez du Canada ?)
- **Vengono dagli Stati Uniti** *(vè'n-go-no da-lli sta-ti ou-ni-ti)* (Ils viennent des États-Unis.)

POINT DE GRAMMAIRE

Vous avez remarqué les articles contractés : **dal** (da + il) (du) ; **dalla** (da + la) (de la) ; **dall'** (da + l') (de l') ; **dagli** (da + gli) (des). Notez qu'on les utilise dans des cas où le français emploie seulement la préposition sans l'article : **dalla Francia** (de France).

Vous avez remarqué que les noms de pays se terminant par ***-a*** sont féminins à l'exception de **Canada** qui est masculin. Les noms de pays se terminant par ***-e et -o*** sont masculins. **Stati Uniti** est le pluriel en ***-i*** de deux mots masculins se terminant par ***-o*** (**stato** et **unito**)

Le tableau 4-1 ci-dessous vous donne quelques exemples de noms de pays et d'adjectifs indiquant la nationalité. Ceux qui se terminent par ***-o*** (masculin) font leur pluriel en ***-i*** ; et ceux qui se terminent par ***-a*** (féminin) font leur pluriel en ***-e***.

Tableau 4-1 : Adjectifs de nationalité se terminant par -o et -a

Nationalité / Pays	*Prononciation*	*Traduction*
americano/i/a/e	*a-mé-ri-ca-no/i/a/é*	américain(e)(s)
America	*a-mé-ri-ca*	Amérique
brasiliano/i/a/e	*bra-zi-lia-no/i/a/é*	brésilien(ne)(s)
Brasile	*bra-zi-lé*	Brésil
italiano/i/a/e	*i-ta-lia-no/i/a/é*	italien(ne)(s)
Italia	*i-ta-lia*	Italie
marocchino/i/a/e	*ma-rok-ki-no/i/a/é*	marocain(e)(s)
Marocco	*ma-roc-co*	Maroc

Tableau 4-1 (suite)

Nationalité / Pays	*Prononciation*	*Traduction*
russo/i/a/e	*rous-so/i/a/é*	russe(e)(s)
Russia	*rous-sia*	Russie
spagnolo/i/a/e	*spa-gno-lo/i/a/é*	espagnol(e)(s)
Spagna	*spa-gna*	Espagne
svizzero/i/a/e	*svit-tsé-ro/i/a/é*	suisse(s)
Svizzera	*svit-tsé-ra*	Suisse
tedesco/i/a/e	*té-dè-sco/i/a/é*	allemand(e)(s)
Germania	*djer-ma-nia*	Allemagne

Le tableau 4-2 vous donne quelques exemples de noms de pays et d'adjectifs indiquant la nationalité qui se terminent par -e au masculin et féminin singulier. Ils font leur pluriel en -i.

Tableau 4-2 : Adjectifs de nationalité se terminant par -e

Nationalité / Pays	*Prononciation*	*Traduction*
canadese/i	*ca-na-dé-zé/i*	canadien(ne)(s)
Canada	*ca-na-da*	Canada
cinese/i	*tchi-né-zé/i*	chinois(e)(s)
Cina	*tchi-na*	Chine
francese/i	*fra'n-tché-zé/i*	français(e)(s)
Francia	*fra'n-tcha*	France
giapponese/i	*djap-po-né-zé/i*	japonais(e)(s)
Giappone	*djap-po-né*	Japon
inglese/i	*i'n-glé-zé/i*	anglais(e)(s)
Inghilterra	*i'n-guil-tèr-ra*	Angleterre
irlandese/i	*ir-la'n-dé-zé/i*	irlandais(e)(s)
Irlanda	*ir-la'n-da*	Irlande

Tableau 4-2 (suite)

Nationalité / Pays	***Prononciation***	***Traduction***
portoghese/i	*por-to-gué-zé/i*	portugais(e)(s)
Portogallo	*por-to-gal-lo*	Portugal
svedese/i	*své-dé-zé/i*	suédois(e)(s)
Svezia	*svè-tsia*	Suède

Voici quelques autres questions que vous pouvez poser pour commencer une mini-conversation :

- **Sei di qui?** *(sèï di coui)* (Tu es d'ici ?)
- **Dove vivi?** *(do-vé vi-vi)* (Où tu vis ?)
- **Dove sei nato?** *(do-vé sèï na-to)* (Où tu es né ?)

Si vous voyagez en Italie et que vous rencontrez des gens, vous aurez sûrement l'occasion de poser ces questions :

- **Ti piace l'Italia?** *(ti pia-tché li-ta-lia)* (L'Italie te plaît ?) ; (Tu aimes l'Italie ?)
- **Sei qui per la prima volta?** *(sèï coui per la pri-ma vol-ta)* (C'est la première fois que tu es ici ?)
- **Sei qui in vacanza?** *(sèï coui in va-ca'n-tsa)* (Tu es en vacances ici ?)
- **Quanto rimani?** *(coua'n-to ri-ma-ni)* (Combien de temps tu restes ?)
- **Ti stai divertendo?** *(ti staï di-ver-tè'n-do)* (Tu trouves ça sympa ?)

TRUC

Notez dans la dernière phrase **divertendo** (*di-ver-tè'n-do*) du verbe **divertirsi** (di-ver-tir-si) (s'amuser). Ce verbe est très employé en italien et a un sens beaucoup plus large que s'amuser en français.

TRUC

Attention **affolato** *(af-fol-la-to)* est un faux ami. Il ne veut pas dire « affolé » mais bondé (bus), bourré de monde (lieu), grouillant (ville)…

Les verbes « essere » et « stare »

Essere *(ès-sé-ré)* (être) est un verbe très utilisé, vous vous en êtes déjà aperçu dans le cadre des salutations et des premiers échanges. Voici sa conjugaison…

Conjugaison	*Prononciation*
io sono	*i-o so-no*
tu sei	*tou sèï*
lui / lei è	*lou-i / lèï è*
noi siamo	*noï sia-mo*
voi siete	*voï sié-té*
loro sono	*lo-ro so-no*

et son utilisation en contexte :

- **Sei americana?** *(sèï a-mé-ri-ca-na)* (Tu es américaine ?)

  No, sono australiana. *(no so-no a-ou-stra-lia-na)* (Non, je suis australienne.)
- **Com'è Paola?** *(co-mè pa-o-la)* (Comment est Paola ?)

  È un po' arrogante. *(è ou'n po ar-ro-ga'n-té)* (Elle est un peu arrogante.)
- **Siete qui in vacanza?** *(sié-té coui in va-ca'n-tsa)* (Vous êtes en vacances ici ?)

  No, siamo qui per studiare l'italiano. *(no sia-mo coui per stou-dia-ré li-ta-lia-no)* (Non, nous sommes / on est ici pour apprendre l'italien.)
- **Dove sono Elena e Sara?** *(do-vé so-no é-lé-na é sa-ra)* (Où sont Elena et Sara ?)

  Sono in biblioteca. *(so-no in bi-blio-té-ca)* (Elles sont à la bibliothèque.)

Outre **essere** *(ès-sé-ré)*, le verbe « être » a un autre équivalent en italien : **stare** *(sta-ré)* qui peut aussi se traduire par aller, se sentir, rester, garder, selon le contexte. **Stare** indique un état durable quand **essere** exprime un état présent momentané. Par exemple, lorsque vous dites : **Sto a casa** *(sto a ca-za)* (Je reste à la maison), vous voulez dire que vous y êtes et que vous n'avez pas l'intention d'en sortir. Si vous dites : **Sono a casa** *(sono a ca-za)* (Je suis à la maison), vous indiquez le lieu où vous êtes en ce moment. **Stare** s'utilise aussi pour exprimer comment l'on se sent physiquement et moralement : **Sta bene?** *(staï bé-né)* (Vous allez bien ?) ; (Vous vous sentez bien ?) ; et pour indiquer un comportement : **Stai calmo.** *(staï cal-mo)* (Garde ton calme).

Voici la conjugaison du verbe **stare :**

Conjugaison	*Prononciation*
io sto	*i-o sto*
tu stai	*tou staï*
lui / lei sta	*lou-i / lèï sta*
noi stiamo	*noï stia-mo*
voi state	*voï sta-té*
loro stanno	*lo-ro sta'n-no*

et quelques emplois en contexte **:**

- **In che albergo stai?** *(in ké al-ber-go staï)* (Dans quel hôtel tu es ?)
- **Sto al Miramare.** *(sto al mi-ra-ma-ré)* (Je suis au Miramare.)
- **State un po' con me?** *(sta-té ou'n po con mé)* (Vous restez un peu avec moi ?)

  Perché, non stai bene? *(per-ké non staï bé-né)* (Pourquoi, ça ne va pas ?)
- **Oggi stiamo a casa!** *(od-dji stia-mo a ca-za)* (Aujourd'hui, on reste à la maison !)

  Come mai? *(co-mé maï)* (Et pourquoi donc ?)
- **Daniela sta a dieta.** *(da-nié-la sta a dié-ta)* (Daniela est au régime.)

  Stanno tutti a dieta! *(sta'n-no tout-ti a dié-ta)* (Mais, ils sont tous au régime !)

Propositions et invitations

Il est très courant de proposer d'aller au restaurant et encore plus d'aller manger une pizza !

Vous voulez proposer à quelqu'un de sortir, de l'inviter quelque part ou chez vous :

- **Andiamo a mangiare la pizza insieme ?** (*a'n-dia-mo a ma'n-dja-ré la pit-tsa i'n-sié-mé*) (*On va manger une pizza ensemble ?*)
- **Posso invitarti stasera?** (*pos-so i'n-vi-tar-ti sta-sé-ra*) (Je peux t'inviter ce soir ?)
- **Vieni a cena a casa mia?** (*vié-ni a tché-na a ca-za mi-a*) (Tu viens manger à la maison / chez moi ?)

Vous acceptez une invitation :

- **Va bene, andiamo !** (*va bé-né a'n-dia-mo*) (OK, on y va !)
- **Volentieri, grazie!** (*vo-lè'n-tiè-ri gra-tsié*) (Volontiers, merci !) ; (Ah ! oui, je veux bien !)
- **Con piacere, grazie!** (*con pia-tché-ré gra-tsié*) (Avec plaisir, merci !)

Mais vous ne pouvez pas accepter toutes les invitations… :

- **Mi dispiace ma non posso stasera.** (*mi di-spia-tché ma non pos-so sta-sé-ra*) (Je suis désolé(e), mais je ne peux pas ce soir.)
- **Magari un'altra volta, grazie.** (*ma-ga-ri ou'n-al-tra vol-ta gra-tsié*) (Merci, une autre fois… peut-être.)
- **Mi dispiace, ho già un altro impegno.** (*mi di-spia-tché o dja ou'n al-tro i'm-pé-gno*) (Désolé(e), j'ai déjà autre chose / je suis déjà prise.)

Mots clés

ndare	a'n-da-ré	aller
mi dispiace	mi di-spia-tchépos	je suis désolé(e)
ci vediamo	tchi vé-dia-mo	à bientôt, à plus tard, à un de ces jours
ora [f]	o-ra	heure
ciao	tcha-o	salut
arrivederci	ar-ri-vé-der-tchi	au revoir
grazie	gra-tsié	merci

Dire deux mots à votre voisin dans l'avion est le point de départ pour faire sa connaissance. Papoter de tout et de rien peut parfois mener à une discussion intéressante (encore faut-il avoir le vocabulaire, me direz-vous… patience !). Même si vous avez peu de temps et que vous savez que vous ne reverrez pas votre interlocuteur, c'est toujours sympa de se dire deux ou trois trucs !

Parler avec des étrangers vous donne l'opportunité, non seulement de connaître d'autres personnes, mais aussi d'aller à la rencontre d'autres cultures. La compréhension entre les peuples passe aussi par là, peut-être surtout par là !

Poser des questions

Il est fréquent de poser une question pour commencer une conversation. On peut dire autre chose que : « Il fait beau aujourd'hui, n'est-ce pas ? ». Voici des mots clés pour poser des questions de toutes sortes :

- **Chi?** *(ki)* (Qui ?)
- **Che?** *(ké)* (Quoi ?) ; (Qu'est-ce que… ?) (le moins courant)
- **Cosa?** (*co-za)* (Quoi) ? ; (Qu'est-ce que… ?) (le plus courant)

- **Che cosa?** *(ké co-za)* (Quoi ?) ; (Qu'est-ce que… ?)
- **Dove?** *(do-vé)* (Où ?)
- **Quando?** *(coua'n-do)* (Quand ?)
- **Perché?** *(per-ké)* (Pourquoi ?)
- **Come?** *(co-mé)* (Comment ?)
- **Quanto?** *(coua'n-to)* (Combien ?) ; (Combien de temps ?)
- **Quale?** *(coua-lé)* (Quel… ?) ; (Quelle… ?)

Les voici en contexte :

- **Chi è?** *(ki è)* (Qui est-ce ?)
- **Scusi, che ore sono?** *(scou-zi ké o-ré so-no)* (Excusez-moi, quelle heure est-il ?)
- **Cosa vuoi ?** *(co-za vou-oï)* (Qu'est-ce que tu veux ?)
- **Che cosa ha detto?** *(ké co-za a dét-to)* (Qu'est-ce qu'il/elle a dit ?) ; (Qu'est-ce que vous avez dit ?) (forme de politesse)
- **Dov'è la stazione?** *(do-vé la sta-tsio-né)* (Où est la gare ?)
- **Quando parte l'aereo?** *(coua'n-do par-té la-è-ré-o)* (Quand part l'avion ?)
- **Perché va a Milano?** *(per-ké va a mi-la-no)* (Pourquoi il/elle va à Milan ?) ; (Pourquoi allez-vous à Milan ?) (forme de politesse)
- **Com'è il tempo?** *(co-mè il tè'm-po)* (Quel temps fait-il ?)
- **Quanto dura il volo?** *(coua'n-to dou-ra il vo-lo)* (Combien de temps dure le vol ?)
- **Qual è l'autobus per il centro?** *(coua-lè la-ou-to-bous per il tchè'n-tro)* (Quel est le bus pour le centre-ville ?)

N'OUBLIEZ PAS !

Seul l'accent différencie **è** *(è)* = est (v. être) de **e** *(é)* = et

Excusez-moi, je n'ai pas tout compris...

Lorsque l'on apprend une langue, on ne comprend pas tout, par définition ! Il est donc très utile de connaître quelques expressions pour signifier à son interlocuteur de répéter :

- **Cosa?** (co-za-) *(Quoi ?)*
- **Come** *(co-mé)* (Comment ?)
- **Scusa, non ho capito.** *(scou-za no'n o ca-pi-to)* (Excuse-moi / Pardon, je n'ai pas compris.)
- **Scusi, cosa mi ha detto?** *(scou-zi co-za mi a dét-to)* (Excusez-moi, qu'est-ce que vous m'avez dit ?)
- **Scusi! Mi dispiace, può ripetere?** *(scou-zi mi di-spia-tché pouo ri-pè-té-ré)* (Excusez-moi ! je suis désolée mais... vous pouvez répéter ?)

On utilise aussi **scusa** *(scou-za)* et **scusi** *(scou-zi)* pour réparer une « erreur » : si on bouscule quelqu'un par exemple. **Mi dispiace** *(mi di-spia-tché)* signifie « je suis désolé(e) » : c'est une manière de s'excuser, ici on s'excuse de faire répéter, mais aussi une manière de montrer de l'affliction même si on n'a rien à se faire pardonner.

De nombreux Italiens originaires du sud de l'Italie vivent dans le Nord car on y trouve plus facilement du travail, la plupart des industries étant concentrées dans cette région.

Mots clés

vivere	vi-vé-ré	vivre, habiter
aereo [m]	a-è-ré-o	avion
capire	ca-pi-ré	comprendre
dove	do-vé	où
spesso	spès-so	souvent

La famille

Ce type de conversation tourne souvent autour de la famille qui, ne l'oublions pas, est sacrée chez les Italiens ! Une façon comme une autre de mieux se connaître.

La famille italienne n'est plus ce qu'elle était ! La grande famille qui a subsisté jusque dans les années 1950, à savoir **la nonna** (*la no'n-na*) (la grand-mère), **il nonno** (*il no'n-no*) (le grand-père), **i figli** (*i fi-lli*) (les enfants), **le nuore** (*lé nouo-ré*) (les belles-filles), **i generi** (*i djé-né-ri*) (les gendres) et **i nipoti** (*i ni-po-ti*) (les petits-enfants) vivant tous sous le même toit, n'existe plus. Aujourd'hui, les enfants quittent la maison familiale pour aller étudier ou travailler dans une autre région, pour **sposarsi** (*spo-zar-si*) (se marier), **convivere** (*co'n-vi-vé-ré*) (vivre en concubinage) ou vivre seul. Notez qu'ils restent beaucoup plus tard chez leurs parents qu'en France, surtout les garçons… difficile de se séparer de la **mamma** !

À part la famille, dans ce genre de rencontre, on aborde d'autres sujets :

- **il tempo** (*il tè'm-po*) (le temps)
- **il lavoro** (*il la-vo-ro*) (le travail)

… et on s'échange souvent adresses et numéros de téléphone !

Mots clés

sposato/a	spo-za-to/a	marié, mariée
vedovo/a	vé-do-vo/a	veuf, veuve
divorziato/a	di-vor-tsia-to/a	divorcé, divorcée
mia sorella	mi-a so-rèl-la	ma sœur
mio fratello	mi-o fra-tèl-lo	mon frère
mia madre	mi-a ma-dré	ma mère
mio padre	mi-o pa-dré	mon père

Mots clés

mia figlia [f]	mi-a fi-llia	ma fille
mio figlio [m]	mi-o fi-llio	mon fils
mia nonna [f]	mi-a no'n-na	ma grand-mère
mio nonno [m]	mi-o no'n-no	mon grand-père
mia suocera [f]	mi-a souo-tché-ra	ma belle-mère
mio suocero [m]	mi-o souo-tché-ro	mon beau-père
una bambina [f]	ou-na ba'm-bi-na	une fille ; une fillette
un bambino [m]	ou'n ba'm-bi-no	un garçon ; un enfant
pronto	pro'n-to	allô
beato/a [adj.] té	bé-a-to té	quelle chance !

Parler de la pluie et du beau temps

Quand on ne sait pas quoi dire, on peut parler du temps : ça sauve la mise ! « Il fait chaud aujourd'hui, vous ne trouvez pas ? » ou « Il pleut au printemps ici ? »

Tout le monde aime parler du temps. Dans ce chapitre, vous trouverez le vocabulaire nécessaire. Nous parlerons des **quattro stagioni** *(couat-tro sta-djo-ni)* (quatre saisons). Que les célèbres concertos **d'Antonio Vivaldi** *(a'n-to-ni-o vi-val-di)* et une super bonne pizza s'appellent *Quattro stagioni* n'est pas un hasard : les concertos comme la pizza sont divisés en quatre parties se référant chacune à une saison !

- **primavera** [f] *(pri-ma-vé-ra)* (printemps)
- **estate** [f] *(è-sta-té)* (été)

- **autunno** [m] *(a-ou-tou'n-no)* (automne)
- **inverno** [m] *(i'n-ver-no)* (hiver)

TRUC

L'estate *(lè-sta-té)* (l'été) est féminin !

Quelques expressions idiomatiques sur le temps, là vous ferez vraiment Italien du cru !

- **Fa un caldo terribile!** *(fa ou'n cal-do ter-ri-bi-lé)* (Il fait une chaleur terrible !)
- **Oggi il sole spacca le pietre!** *(odj-ji il so-lé spac-ca lé pié-tré)* (Aujourd'hui, ça cogne !) (littéralement : le soleil fend les pierres)
- **Fa un freddo cane!** *(fa ou'n fréd-do ca-né)* (Il fait un froid de canard !) (littéralement : de chien)
- **Fa un freddo / un caldo da morire!** *(fa ou'n fréd-do / ou'n cal-do da mo-ri-ré)* (Il fait un de ces froids ! Il fait une chaleur à crever !)

Ah ! l'Italie, le soleil…

Les Italiens ont de la chance, du moins en ce qui concerne le temps ! Le climat est agréable, l'ensoleillement est important. Pas étonnant que l'Italie soit une destination de vacances pour tant d'étrangers !

L'été, il y fait chaud, même très chaud, parfois trop chaud ! En hiver, il peut faire très froid et il neige dans les régions montagneuses : plus on va vers le Sud et plus le climat est doux, surtout en bord de mer. Cela étant, il arrive qu'il neige, pleuve ou fasse froid au sud quand le Nord est épargné ! « Y a plus de saisons ! »

En été, on étouffe dans les villes : il est assez fréquent que le gens aient une maison à la campagne ou sur la colline, où ils se réfugient pendant les périodes de canicule. En août, c'est la ruée vers la mer, la région des lacs et les Alpes pour trouver un peu de fraîcheur. Les grandes villes se dépeuplent d'autant plus qu'autour de **Ferragosto** *(fer-ra-go-sto)* (15 août), les entreprises ferment. Les seules personnes que l'on trouve sont les touristes et les pauvres malheureux qui bossent !

Da morire *(da mo-ri-ré)*, cette expression, avec le verbe mourir, est très utilisée pour donner de l'emphase dans les contextes les plus variés : **sono stanco da morire** *(so-no sta'n-co da mo-ri-ré)* (je suis crevé/(je suis mort de fatigue) ; **ho sete da morire** *(o sé-té da mo-ri-ré)* (je meurs de soif) ; (j'ai une soif terrible).

Mots clés

fa bel tempo	fa bel tè'm-po	il fait beau
fa freddo	fa fréd-do	il fait froid
nevica	né-vi-ca	il neige
piove	pio-vé	il pleut

INFO CULTURELLE

Titres et abréviations

En Italie, vous entendrez souvent « **Buongiorno dottore**! » *(bouo'n-djor-no dot-to-ré)* et vous vous demanderez combien ce pays a de médecins ! Ce titre n'est pas réservé aux seuls médecins mais à tous les **laureati** *(laou-ré-a-ti)* (qui ont un diplôme correspondant plus ou moins à une maîtrise). À une femme, on dira **dottoressa** *(dot-to-rés-sa)*. Il est aussi d'usage de s'adresser à quelqu'un en utilisant le titre correspondant à sa profession : on dira « **Buongiorno ingegnere** » *(bouo'n-djor-no i'n-djé-gné-ré)* à un ingénieur et non « **Buongiorno signore** » qui est moins respectueux.

À l'écrit, nous vous rappelons l'usage des abréviations **sig.ra** pour **signora** et **sig.** pour **signor.** Pour **signorina** *(si-gno-ri-na)* (mademoiselle), on écrira **sig.na**. À l'oral, on emploie davantage **signorina** que son équivalent français mademoiselle.

Piove sul bagnato *(pio-vé soul ba-gna-to)* (littéralement : il pleut où c'est mouillé) s'emploie lorsque le sort favorise quelqu'un qui est déjà privilégié. Par exemple, si un millionnaire gagne à la Loterie, vous utilisez cette expression pour signifier que c'est arrivé à la mauvaise personne et que ça ne vous serait pas arrivé à vous ! »

Parler boulot !

Voilà un autre sujet dont on parle beaucoup. On est souvent curieux de savoir ce que font les autres. Certains parlent de leur travail parce qu'ils l'aiment, d'autres pour s'en plaindre !

Mots clés

giornalista [f/m]	djor-na-li-sta	journaliste
architetto [f/m]	ar-ki-tét-to	architecte
medico [f/m]	mé-di-co	médecin
… et pour aller plus loin		
avvocato [f/m]	av-vo-ca-to	avocat
ingegnere [f/m]	i'n-djé-gné-ré	ingénieur
insegnante [f/m]	i'n-sé-gna'n-té	enseignant, enseignante
commesso/a [m] / [f]	co'm-més-so / a	vendeur, vendeuse
impiegato/a [m] / [f]	i'm-pié-ga-to / a	employé, employée
meccanico [f/m]	méc-ca-ni-co	mécanicien, mécanicienne (pas très répandu au féminin !)

Pour dire ce qu'on fait dans la vie, on utilise la même construction qu'en français : **sono medico** *(so-no mé-di-co)* (Je suis médecin) ou une expression plus idiomatique : **faccio il medico** *(fat-tcho il mé-di-co)*.

Échanger adresses et numéros de téléphone

Dans nos activités quotidiennes, nous utilisons plus souvent les nombres que nous le pensons : quand on fait un numéro de téléphone pour se donner rendez-vous à 7 heures devant le numéro 23 de la rue Trucmuche. Quand on achète 2 pommes qu'on paie 1,60 €, quand on attrape le 46 pour rencontrer 3 amis… La vie est pleine de nombres ! La liste ci-dessous va jusqu'à 10. Rendez-vous au chapitre 3 pour la suite…

- **zero** *(dzé-ro)* (zéro)
- **uno** *(ou-no)* (un)
- **due** *(dou-é)* (deux)
- **tre** *(trè)* (trois)
- **quattro** *(couat-tro)* (quatre)
- **cinque** *(tchi'n-coué)* (cinq)
- **sei** *(sèï)* (six)
- **sette** *(sèt-té)* (sept)
- **otto** *(ot-to)* (huit)
- **nove** *(no-vé)* (neuf)
- **dieci** *(dié-tchi)* (dix)

INFO CULTURELLE

Lorsque vous téléphonez de l'étranger en Italie, n'enlevez pas le 0 de l'indicatif.

De nos jours, on s'échange aussi couramment les adresses e-mail. En italien, **e-mail** est féminin, on dit aussi **posta elettronica** *(po-sta é-let-tro-ni-ca)* (courrier électronique). Pour arobase, @, les Italiens ont un terme marrant : **chiocciola** *(kiot-tcho-la)* (escargot) ou **chiocciolina** *(kiot-tcho-li-na)* (petit escargot). Voilà comment on lira cette adresse e-mail :

nome@server.it

nome *(no-mé)* (nom) ; @ **chiocciola** *(kiot-tcho-la) (arobase) ;* server *(ser-ver)* (fournisseur d'accès) **; punto** *(pou'n-to) (point) ;* **it** *(iti) it* pour Italie.

Remarquez la manière de dire (et d'écrire) une adresse : **il numero civico** *(il nou-mé-ro tchi-vi-co)* (numéro) se place après le nom de la rue : **Via Antonio Vivaldi, 3** ; **Viale Regina Margherita, 22** ; **Corso Mazzini, 30 ; Stradone Farnese, 143** ; **Strada statale, 12.**

La différence entre **via** *(vi-a)*, **viale** *(via-lé)*, **corso** *(cor-so)*, **stradone** *(stra-do-né)* et **strada statale** *(stra-da sta-ta-lé)* tient à plusieurs choses :

- l'importance de la rue : **il viale** et **lo stadone** sont plus larges et plus longs que **la via** (rue) ;
- le type de voie : **il viale** est bordé d'arbres, se pourrait être l'équivalent de l'avenue ou du boulevard ; **lo stadone** est une rue permettant de sortir facilement de la ville ; **il corso** se trouve au centre-ville commerçant, il peut être piéton ;
- la situation : les quatre premiers sont en agglomération, **la strada statale** est la route nationale.

Notez qu'en dehors du contexte des adresses, **la strada** est une route entre deux agglomérations, c'est aussi le chemin pour aller quelque part : **conosci la strada?** *(co-no-chi la stra-da)* (tu connais le chemin / la route ?) ; et « la rue » au sens général, par ex. **sono sulla / in strada** *(so-no sul-la / i'n stra-da)* (je suis dans la rue). En ville, pour indiquer une rue à quelqu'un, on utilisera indifféremment le terme **via et strada** : **il Corso Garibaldi è la via / strada che incrocia via Santa Franca** *(il cor-so ga-ri-bal-di è la vi-a / stra-da ké i'n-cro-tcha via sa'n-ta fra'n-ca)* (le cours Garibaldi est la rue qui croise la rue Santa Franca).

Qu'ils habitent dans un **appartamento** *(ap-par-ta-mé'n-to)* (appartement) ou dans une **casa** individuale *(ca-za i'n-di-vi-doua-lé)* (pavillon), les Italiens vous parleront toujours de la **casa** : **sono a casa** *(so-no a ca-za)* (je suis chez moi) ; **vieni a casa mia** *(vié-ni a ca-za mi-a)* (viens chez moi) ;

mia vicina di casa *(mi-a vi-tchi-na di ca-za)* (ma voisine).

Voici l'extrait d'une rédaction d'une petite fille décrivant sa maison, qui est en fait… un appartement.

La mia casa è la più bella del mondo.
la mi-a ca-za è la piou bèl-la del mo'n-do
Ma maison est la plus belle du monde.

È grande, con tante finestre e due terrazzi.
é gra'n-dé co'n ta'n-té fi-nè-stré é dou-é ter-rat-tsi
Elle est grande avec beaucoup de fenêtres et deux terrasses.

Il palazzo non è tanto grande, ha quattro piani.
il pa-lat-tso no'n é ta'n-to gra'n-dé a couat-tro pia-ni
L'immeuble n'est pas très grand, il a quatre étages.

Io abito al secondo.
i-o a-bi-to al sé-co'n-do
Moi, j'habite au deuxième.

C'è un bel giardino.
tché ou'n bèl djar-di-no
Il y a un beau jardin.

Comme en français, on utilise **vivere** *(vi-vé-ré)* (vivre) pour **abitare** *(a-bi-ta-ré)* (habiter), on emploiera plutôt le deuxième quand on indique la rue où l'on habite :

- **Vivo a Milano in un appartamento.** *(vi-vo a mi-la-no in ou'n ap-par-ta-mé'n-to)* (Je vis à Milan dans un appartement.)
- **Abito sul Corso.** *(a-bi-to soul cor-so)* (J'habite sur le corso.) Dans une petite ville, il y a un seul **corso**, on peut donc en parler sans le faire suivre de son nom.

Voici la conjugaison de ces deux verbes :

Conjugaison	*Prononciation*
io vivo	*i-o vivo*
tu vivi	*tou vi-vi*
lui / lei vive	*lou-i / lèï vi-vé*
noi viviamo	*noï vi-via-mo*

voi vivete	*voï vi-vé-té*
loro vivono	*lo-ro vi-vo-no*

Conjugaison	***Prononciation***
io abito	*i-o a-bi-to*
tu abiti	*tou a-bi-ti*
lui / lei abita	*lou-i / lèï a-bi-ta*
noi abitiamo	*noï a-bi-tia-mo*
voi abitate	*voï a-bi-ta-té*
loro abitano	*lo-ro a-bi-ta-no*

Si vous visitez une ville et que vous voulez informer quelqu'un du lieu où vous séjournez, vous utiliserez les verbes **essere** *(ès-sé-ré)* ou **stare** *(sta-ré)* :

- **Sono al Quattro Fontane.** *(so-no al couat-tro fo'n-ta-né)* (Je suis au Quattro Fontane – sous-entendu à l'hôtel Quattro Fontane.)
- **Stiamo all'albergo Il giardino.** *(stia-mo al-lal-ber-go il djar-di-no)* (Nous sommes à l'hôtel Il Giardino.)

Dans le premier cas, vous êtes à l'hôtel au moment où vous parlez. Dans le second, vous pouvez être dans un autre endroit. Pour l'emploi de ces deux verbes, voir le chapitre 4, paragraphe Les verbes **essere** et **stare**.

Chapitre 5

Dîner au restaurant

Dans ce chapitre :

- Se familiariser avec la restauration à l'italienne
- Comment réserver une table et demander l'addition
- Passer une commande au restaurant et à la pizzeria
- Tous les mots nécessaires pour aller faire vos courses

L'une des manières les plus sympatiques (pas forcément pour la ligne…) d'approcher une culture est de découvrir sa gastronomie. Si vous avez un penchant pour la très renommée cuisine italienne, vous avez de la chance : les restaurants italiens, et pas seulement les pizzerias, sont de plus en plus nombreux hors des frontières de la Péninsule. Vous y découvrirez des plats raffinés dont vous ne soupçonniez pas l'existence, car les Italiens ne mangent pas que des (excellentes) pâtes, même s'ils en mangent tous les jours ! Si vous voyagez en Italie, ce sera une véritable fête pour vos papilles ! Les quelques plats que vous connaissez sûrement déjà ne sont que le sommet de l'iceberg d'une gastronomie extrêmement variée dont nous vous proposons ici un avant-goût. Vous trouverez dans ce chapitre un tas de mots de vocabulaire tournant autour du boire et du manger. Vous vous ferez une idée des us et coutumes de la table italienne grâce aux « Infos culturelles ». **Andiamo a mangiare !** *(a'n-dia-mo a ma'n-dja-ré)* (On va manger !)

Vous avez faim ? Mangez !

Quand on a faim ou soif, il suffit de le dire :

- **Ho fame.** *(o fa-mé)* (J'ai faim.)
- **Andiamo a mangiare qualcosa?** *(a'n-dia-mo a ma'n-dja-ré coual-co-za)* (On va manger quelque chose ?)
- **Ho sete?** *(o sé-té)* (J'ai soif.)

Les trois repas de la journée sont : **la (prima) colazione** *(la (pri-ma) co-la-tsio-né)* (le petit déjeuner), **il pranzo** *(il pra'n-tso)* (le déjeuner) et **la cena** *(la tché-na)* (le dîner). **Uno spuntino** *(ou-no spou'n-ti-no)* (un en-cas) se prend entre les repas quand on a une petite faim. **La merenda** *(mé-rè'n-da)* (le goûter) est notre quatre-heures, le terme est utilisé par extension pour désigner ce que les enfants emportent à manger pour la récré de 11 heures (il n'y a généralement pas école l'après-midi).

J'ai une faim de loup !

Chaque langue a des expressions imagées qui ont tendance à exagérer la faim ou la soif. Les Italiens, qui sont des fins gastronomes, ne sont pas en reste ! Voyons un peu :

- **Moriamo di sete!** *(mo-ria-mo di sé-té)* (On meurt de soif !)
- **Ho una fame da lupo / lupi!** *(o ou-na fa-mé da lou-po / lou-pi)* (J'ai une faim de loup !) (**lupi** étant le pluriel de **lupo**.).
- **Ho una fame che non ci vedo!** *(o ou-na fa-mé ké no'n tchi vé-do)* (J'ai une faim terrible.) (littéralement : J'ai une faim à ne plus y voir clair !) (J'ai une faim terrible).

Vous avez soif ? Buvez !

Nous vous proposons un assortiment de boissons italiennes à commencer par l'incontournable café pour finir par le digestif en passant par l'eau minérale.

Exprimez votre passion pour « l'espresso »

L'**espresso** *(ès-près-so)* (express) italien que vous commandez au bar en demandant un **caffè** *(ou'n caf-fè)* (un café) n'a rien de commun avec l'expresso français qui paraît bien léger à côté ! Moins il y a en dans la tasse et plus ça réveille ! À Naples, on vous en donnera une lichette mais « brrr », quelle puissance ! Si vous le voulez un peu moins fort, demandez-le **lungo** *(lou'n-go)* (allongé) au **cameriere** *(ca-mé-rié-ré)* (serveur).

In estate *(i'n è-sta-té)* (en été), si vous avez envie que l'on vous serve votre café ou votre thé sur du **ghiaccio** *(guiat-tcho)* (glaçons) ; demandez **un caffè freddo / shakerato** *(ou'n caf-fè fréd-do / chèï-ké-ra-to)* (un café glacé) ou un **tè freddo** *(ou'n tè fréd-do)* (un thé glacé).

Même si le **caffè** est la boisson chaude italienne par excellence, vous pouvez avoir envie de prendre autre chose : **una cioccolata** *(ou-na tchoc-co-la-ta)* (un chocolat), on vous demandera **fredda o calda ?** *(fréd-da o cal-da)* (chaud ou froid) ; **un te** *(ou'n tè)* (un thé) ; **un succo di frutta** *(ou'n souc-co di frout-ta)* (un jus de fruit) ; **una coca** *(ou-na co-ca)* (un coca) ou simplement **un bicchiere d'acqua** (*ou'n bik-kiè-ré da-coua*) (un verre d'eau).

En Italie, il y a eau et eau. Et elle se paie toujours ! On ne demande pas de carafe au restaurant mais une bouteille et si on veut un verre d'eau au comptoir, même pour prendre un médicament, on vous donnera de l'eau minérale. Si vous demandez simplement de l'**acqua** (*a-coua*), il y a de fortes chances pour qu'on vous apporte de l'eau gazeuse. Mais en général, on vous fera préciser laquelle en vous posant la question : **naturale o frizzante?** *(na-tou-ra-lé o frit-tsa'n-té)* (plate ou gazeuse ?). Plate se dit aussi **liscia** *(li-chia)*, selon les régions, on emploiera davantage l'un ou l'autre terme. **L'acqua frizzante** se dit aussi **gassata** ou **gasata** *(gas-sa-ta / ga-za-ta)*, elle peut être naturellement gazeuse ou contenir du gaz ajouté, dans ce dernier cas c'est écrit sur la bouteille. Généralement, on ne sert pas d'eau du robinet, si cela vous arrivait alors que vous voulez de l'eau minérale, précisez-le en demandant de l'**acqua minerale** (*a-coua mi-né-ra-lé*) (eau minérale).

L'espresso : la boisson nationale

Voici un panorama complet du monde de l'**espresso** que l'on peut boire de mille manières.

Au fait, savez-vous qu'***espresso*** est une abréviation pour **espressamente preparato per chi lo richiede** (*ès-prés-sa-mé'n-té pré-pa-ra-to per ki lo ri-kié-dé*) (préparé spécialement pour qui le demande) ?

- **caffè** (*caf-fè*) : **espresso**, également appelé **caffè normale** (*caf-fè nor-ma-lé*) (café normal).
- **ristretto** (*ri-strét-to*) (serré) : plus concentré et donc plus fort que l'espresso.
- **doppio** (*dop-pio*) (double) : double espresso.
- **lungo** (*lou'n-go*) (allongé) : espresso auquel on rajoute de l'eau chaude.
- **corretto** (*cor-rèt-to*) (arrosé) : espresso avec un peu de cognac ou une autre eau-de-vie.
- **cappuccino** (*cap-pout-tchi-no*) : espresso surmonté de mousse de lait.
- **caffellatte** (*caf-fèl-lat-té*) (crème) : espresso rallongé avec beaucoup de lait.
- **macchiato** (*mak-kia-to*) (littéralement : tâché) : espresso auquel on ajoute une goutte de lait.
- **latte macchiato** (*lat-té mak-kia-to*) : lait auquel on ajoute une goutte d'espresso.
- **caffè americano** (*caf-fè a-mé-ri-ca-no*) : c'est l'équivalent du café que vous préparez chez vous dans une cafétière électrique, il est moins fort que le café allongé.
- **decaffeinato** (*dé-caf-fèi-na-to*) (décaféiné). Vous pouvez demander **un caffè Hag** (*ou'n caf-fè ague*) qui est la marque de décafféiné la plus connue.

L'espresso : la boisson nationale (suite)

- **caffè d'orzo** *(caf-fè dor-zo)* (café d'orge) : boisson à base d'orge germé, séché et grillé. Il est plus ou moins fort selon la demande.

Où demander votre boisson et où la payer ? Il n'est pas dit que le garçon vienne à votre table vous demander ce que vous voulez. Cela dépend des cafés. Si au bout d'un moment, personne ne vous a prêté attention, allez au comptoir. Si l'on vous sert sans rien vous demander, vous paierez en partant. Si l'on vous demande votre ticket, vous devrez vous diriger vers la caisse pour payer d'abord. Vous prendrez vite le pli, il suffit de regarder faire les clients.

Pour préciser le contenant ou la taille :

- **Una caraffa di vino** *(ou-na ca-raf-fa di vino)* (une carafe / un pichet de vin)
- **Una bottiglia / un bicchiere d'acqua** *(ou-na bot-ti-llia / ou'n bik-kiè-ré da-coua)* (une bouteille / un verre d'eau)
- **Un'acqua naturale grande** *(ou-na-coua na-tou-ra-lé gra'n-dé)* (une grande bouteille d'eau plate)
- **Una mezza frizzante** *(ou-na méd-dza frit-tsa'n-té)* (une petite bouteille d'eau gazeuse)
- **Una birra media** *(ou-na bir-ra mè-dia)* (une bière moyenne)

Un petit remontant ?

L'Italie est célèbre pour ses **vini** *(vi-ni)* (vins) dans le monde entier, il faut le reconnaître ! Les Italiens n'ont pas que le chianti ! Ils ont des centaines de vins, des crus excellents, des millésimes inestimables ! Toutes les régions produisent du vin ! Mais il n'y a pas que le vin, il y a aussi l'**amaro** *(a-ma-ro)* (digestif) dont la

grappa *(grap-pa)* (eau-de-vie) et les liqueurs : **limoncino** *(li-mo'n-tchi-no)* à base de citron, **nocino** *(no-tchi-no)* à base de noix, pour ne citer qu'elles. Suivant les régions, il y a en des tas de sortes. Vous n'y couperez pas, après le repas on vous proposera forcément l'un de ces digestifs : « **Una grappa ragazzi?** » *(ou-na grap-pa ra-gat-tsi)*.

Mots clés

il vino[m]	il vi-no	le vin
bianco/a	bia'n-co/a	blanc, blanche
rosso/a	ros-so/a	rouge
oggi	od-dji	aujourd'hui
perfetto	per-fèt-to	parfait, très bien.

Voici le verbe **bere** *(bé-ré)* (boire) qui est irrégulier…

Conjugaison	***Prononciation***
io bevo	*i-o bé-vo*
tu bevi	*tou bé-vi*
lui / lei beve	*lou-ï / lèï bé-vé*
noi beviamo	*noï bé-via-mo*
voi bevete	*voï bé-vé-té*
loro bevono	*lo-ro bé-vo-no*

L'**aperitivo** *(a-pé-ri-ti-vo)* (apéritif) juste avant de se mettre à table est beaucoup moins pratiqué qu'en France. Avec la pizza, vous préfèrerez peut-être la **birra** *(bir-ra)* (bière), comme nombre d'Italiens, **in bottiglia** *(i'n bot-ti-llia)* (en bouteille) ou **alla spina** *(al-la spi-na)* (pression). Vous pouvez faire suivre le repas d'un **caffè corretto grappa** *(caf-fè cor-rèt-to grap-pa)* (café arrosé à l'eau-de-vie) comme le fait M. Di Leo dans le dialogue suivant.

La réservation et… la douloureuse !

Il y a toujours un avant et un après : avant on réserve et après on règle l'addition.

Faire une réservation

Si vous souhaitez manger dans un bon restaurant, il vous faudra réserver votre table. Dans une pizzeria ou une **trattoria** *(trat-to-ri-a)* (restaurant moins raffiné et moins cher où l'on mange très bien), vous trouverez en général de la place. Cela étant, si vous êtes cinq ou six, il est plus prudent de réserver. Et puis, tout dépend du lieu : s'il est grand, petit, renommé, bien placé, si c'est le week-end, le mois d'août… Bref, si vous ne voulez pas finir sur le trottoir en train de manger une **pizza al trancio** *(pit-tsa al tra'n-tcho)* (une part de pizza à emporter), réservez !

Mots clés

tavolo [m]	ta-vo-lo	table
cameriere/a	ca-mé-rié-ré / a	serveur, serveuse
domani	do-ma-ni	demain
vorrei prenotare	vor-rèï pré-no-ta-ré	je voudrais réserver
stasera	sta-sé-ra	ce soir

Régler l'addition

Rares sont les restaurants ou les pizzerias où vous ne pourrez pas payer avec votre carte de crédit. Sur la porte d'entrée, les cartes acceptées sont indiquées. Il est d'usage de laisser un pourboire au serveur. Il n'y a pas de règle, faites en fonction de votre porte-monnaie !

INFO CULTURELLE

Où se restaurer en Italie ?

Que vous vouliez manger sur le pouce ou vous installer à une table, vous avez un grand choix de type de restauration le choix des lieux où vous restaurer :

- **bar** *(bar)* : les cafés servent des sandwichs et des « brioche » (en italien dans le texte) à savoir de la croissanterie.
- **paninoteca** *(pa-ni-no-té-ca)* : c'est la sandwicherie où l'on mange des **panini**. Attention aux habitudes françaises, on dit **un panino** *(ou'n pa-ni-no)* et non pas **un panini** ! Ils n'ont rien à voir avec ceux que l'on trouve dans l'Hexagone.
- **enoteca** *(é-no-té-ca)* : c'est un bar à vin où l'on peut déguster son verre accompagné de charcuterie et de fromage.
- **osteria** *(o-sté-ri-a)* : à l'origine, c'était une taverne. Aujourd'hui, c'est une appellation qui entre dans la composition d'un nom : *L'Osteria del teatro* par exemple est un restaurant au cadre rustique, à la cuisine très délicate et excessivement cher... Mais ce n'est pas le cas de toutes les **osterie**. Regardez tout de même les prix avant d'entrer !
- **trattoria** *(trat-to-ri-a)* : petit restaurant populaire où l'on sert des plats du terroir à des prix raisonnables. On y mange **alla buona** *(al-la bouo-na)* (sans chichis).
- **taverna** *(ta-ver-na)* : sert de la cuisine régionale. Aujourd'hui à la mode, **la taverne** sont plus chères que les précédentes.
- **ristorante** *(ri-sto-ra'n-té)* : le cadre et la nourriture sont plus raffinés que dans les deux précédents. Les prix varient substantiellement selon le standing.
- **pizzeria** *(pit-tsé-ri-a)* : vous trouverez un choix de pizzas que vous n'imaginez même pas. La pizza est toujours bonne en Italie (sauf rare exception), vous vous doutez pourquoi ? Presque toutes les pizzerias font la **pizza da asporto** *(pit-tsa da a-spor-to)* (pizza à emporter).

INFO CULTURELLE

Où se restaurer en Italie ? (suite)

- **pizza al trancio** *(pit-tsa al tra'n-tcho)* (part de pizza) ou **pizza al metro** *(pit-tsa al mé-tro)* (pizza « au mètre ») : endroit ou l'on peut s'asseoir à un comptoir pour manger sur le pouce une part de pizza. On peut aussi l'emporter.
- **tavola fredda** *(ta-vo-la fréd-da)* (plats froids) ; **tavola calda** *(ta-vo-la cal-da)* (plats chauds) : de nombreux cafés proposent l'un ou l'autre de ces types de restauration ou les deux.
- **rosticceria** *(ro-stit-tché-ri-a)* ou **gastronomia** *(ga-stro-no-mi-a)* : ce n'est pas une rôtisserie mais un traiteur.

Dans les **osterie, trattorie** et **taverne**, vous êtes sûrs de bien manger, on y trouve plus d'Italiens que de touristes, ce qui est un signe ! Dans certaines, il n'y a pas de carte, le garçon vient à votre table vous dire ce qu'on prépare en cuisine ! N'hésitez pas à faire répéter et à demander des explications. Renseignez-vous aussi sur les prix, surtout dans les endroits touristiques…

Dans les épiceries qui vendent charcuterie et fromage à la coupe, on vous fera des sandwichs à la demande.

TRUC

En Italie, on paie également le **coperto** *(co-per-to)* (le couvert) qui diffère selon le standing du restaurant ou de la pizzeria, ne vous étonnez donc pas de trouver cette mention sur votre addition.

Pour demander l'addition, dites au serveur **mi porta il conto per favore** *(mi por-ta il co'n-to per fa-vo-ré)* (Vous m'apportez l'addition s'il vous plaît.). Puisque nous y sommes, voyons la conjugaison du verbe **portare** *(por-ta-ré)* (amener, apporter, porter)

Conjugaison	***Prononciation***
io porto	*i-o por-to*
tu porti	*tou por-ti*
lui / lei porta	*lou-ï / lèï por-ta*

noi portiamo	*noï por-tia-mo*
voi portate	*voï por-ta-té*
loro portano	*lo-ro por-ta-no*

Le petit déjeuner

« Prendre » le petit déjeuner est très français ! En italien on dit **fare colazione** *(fa-ré co-la-tsio-né)*, et moins souvent **prima colazione** *(pri-ma co-la-tsio-né)*.

De nombreux Italiens commencent **la giornata** *(la djor-na-ta)* (la journée) en prenant **un caffè** *(ou'n caf-fè)* (un café) à la maison et s'arrêtent dans **un bar** *(ou'n bar)* (un café) sur le chemin du travail pour en prendre un autre. Ils l'accompagnent en général d'**un cornetto** *(ou'n cor-nét-to),* encore appelé **croissant** (prononcé avec le « r » roulé cela va de soi) fourré à la **marmellata** *(mar-mél-la-ta)* (confiture), à la **crema** *(cré-ma)* (crème pâtissière) ou au **cioccolato** *(tchoc-co-la-to)* (chocolat).

En Sicile, vous pouvez prendre une **brioche con il gelato** *(brio-ch co'n il djé-la-to)* (type de feuilleté avec de la glace).

Brioche est un terme générique pour désigner la croissanterie. Vous ne trouverez pas plus de brioche que de croissant comme on en trouve en France. Si vous voulez manger quelque chose en prenant votre café ou votre cappuccino mais que vous ne connaissez pas le nom de tous les types de feuilletés, demandez **una brioche** et montrez du doigt ce que vous voulez !

Il y a vingt-cinq ans, de nombreux cafés n'avaient pas de tables, c'est encore le cas pour certains. De toutes façons, les Italiens avalent leur petit déjeuner debout au comptoir en quatrième vitesse !

Mots clés

acqua [f]	a-coua	eau
spremuta d'arancia [f]	spré-mou-ta da-ra'n-cha	orange pressée
(prima) colazione	(pri-ma) co-la-tsio-né [f]	petit déjeuner
lo scontrino [m]	lo sco'n-tri-no	le ticket de caisse
certo	tcher-to	certainement, bien sûr
per favore	per fa-vo-ré	s'il vous plaît, s'il te plaît
scusi	scou-zi	excusez-moi

En parlant de manger… voyons l'indispensable conjugaison du verbe **mangiare** *(ma'n-dja-ré)* (manger).

Conjugaison	***Prononciation***
io mangio	*i-o ma'n-djo*
tu mangi	*tou ma'n-dji*
lui / lei mangia	*lou-ï / lèï ma'n-dja*
noi mangiamo	*noï ma'n-dja-mo*
voi mangiate	*voï ma'n-dja-té*
loro mangiano	*lo-ro ma'n-dja-no*

Déjeuner ou dîner au restaurant

Pour beaucoup d'Italiens, **il pranzo** *(il pra'n-tso)* (le déjeuner) se prend chez soi car, surtout dans les villes moyennes ou petites (et il y en a beaucoup en Italie), on a le temps de rentrer manger à la maison. **La cena** *(la tché-na)* (dîner), le repas du soir est plus souvent l'occasion d'inviter des amis et d'pour aller manger dehors.

Si l'on est un **pendolare** *(pè'n-do-la-ré)*, quelqu'un qui travaille dans une autre ville que la sienne et fait la navette en train, on est contraint de manger sur place.

Si l'on a pas de **mensa** *(mè'n-sa)* (restaurant d'entreprise, cantine), on peut évidemment manger **un panino** *(ou'n pa-ni-no)* (un sandwich) dans n'importe quel café ou aller prendre **qualcosa di caldo** *(coual-co-za di cal-do)* (quelque chose de chaud) : une pizza, un plat de pâtes ou un vrai repas au restaurant si on a le temps ! Voilà ce qu'on y propose :

- **antipasto** *(a'n-ti-pa-sto)* (hors-d'œuvre) : chaud ou froid, l'**antipasto** va des **verdure miste** *(vér-dou-ré mi-sté)* (assortiment de légumes grillés à l'huile : aubergines, courgettes...) aux **frutti di mare** *(frout-ti di ma-ré)* (fruits de mer) en passant par les **salumi** *(sa-lou-mi)* (charcuterie).
- **primo piatto** *(pri-mo piat-to)* : **pasta** *(pa-sta)* (pâtes), **risotto** *(ri-zot-to)* (risotto) ou **minestra** *(mi-nè-stra)* (soupe) que l'on prend entre les l'hors-d'œuvre et le plat de résistance. En Italie, on ne mange pas les pâtes ou le riz en garniture, c'est un plat à part entière !
- **secondo** *(sé-co'n-do)* (plat de résistance) : **carne** *(car-né)* (viande) ou **pesce** *(pé-ché)* (poisson). Dans les grandes villes éloignées de la mer, vous risquez de manger du poisson surgelé. Théoriquement, il devrait y avoir un astérisque sur la carte qui vous renvoie à la note « **surgelato** » *(sour-djé-la-to)*. Sur la côte, près d'un lac ou dans les restaurants spécialisés dans le poisson, vous êtes à peu près sûr de manger du poisson frais. Avant de choisir le restaurant, demandez donc à un passant : **Dove si può mangiare pesce fresco?** *(do-vé si pouo ma'n-dja-ré pé-ché fré-sco)* (Où peut-on manger du poisson frais ?). Aujourd'hui, certains restaurants font des **piatti vegetariani** *(piat-ti vé-gé-ta-ria-ni)* (plats végétariens) mais ce n'est guère dans la tradition culinaire ! De plus en plus, les Italiens tendent à prendre **il primo** ou **il secondo**, pas les deux !
- **contorno** *(co'n-tor-no)* (garniture) : on ne vous servira pas de légumes avec votre viande, il faudra les commander à part...

- **dolce** *(dol-tché)* (dessert) : vous aurez le choix entre les gâteaux comme le **tiramisù**, le **semifreddo** *(sé-mi-fréd-do)* un type de gâteau servi très froid, le **sorbetto** *(sor-bét-to)*, sorte de sorbet liquide que l'on boit à la paille, et bien d'autres choses encore...
- **frutta** *(frout-ta)* (fruit) : à la place du dessert.

Vous remarquez qu'il n'y a pas de plateau de fromages ! Dans certains restaurants hors normes, on vous pourra vous proposer une assiette de fromage en « **secondo** ». Mais ce n'est pas du tout dans la tradition !

Les Italiens ont des tas de **primi** *(pri-mi)* différents, à commencer par les soupes ! **La minestra** *(la mi-nè-stra)* contient des pâtes ou du riz. **Il minestrone** *(il mi-nè-stro-né)* (littéralement grosse soupe) est plus épaisse. **La zuppa** *(la dzoup-pa)* (la soupe) est à base **di carne** *(di car-né)* (viande) ; **di pesce** *(di pé-ché)* (de poisson) ; **di verdure** *(vér-dou-ré)* (de légumes) ; **di legumi** *(di lé-gou-mi)* (de légumineuses) ou **di cereali** *(di tché-ré-a-li)* (de céréales). On vous servira **la zuppa di lenticchie** *(la dzoup-pa di lè'n-tik-kié)* (soupe aux lentilles) à minuit la nuit de la Saint-Sylvestre, même si vous en êtes au dessert, pour vous souhaiter une année prospère : les lentilles symbpolisant des pièces de monnaie ! Si vous allez en Toscane, goûtez la très nourrissante **pasta e fagioli** *(pa-sta é fa-djo-li)* (soupe de pâtes et de haricots). Ne soyez pas surpris si vous trouvez **la zuppa inglese** *(la dzoup-pa i'n-glé-zé)* (littéralement : soupe anglaise) dans la liste des desserts, c'est un gâteau avec de la crème, du chocolat et de l'alcool.

L'un des piliers de la cuisine italienne est **il brodo** *(il bro-do)* (le bouillon) : **di pollo** *(di pol-lo)* (de poule), **di manzo** *(di ma'n-zo)* (de bœuf), ou **di pesce** *(di pé-ché)* (de poisson) ou **vegetale** *(vé-djé-ta-lé)* (de légumes). Il sert à faire toutes sortes de plats de résistance mais aussi le **risotto** et certains plats de pâtes (voir plus loin le paragraphe sur les pâtes). Le dicton équivalent à notre : « c'est dans les vieux pots qu'on fait la bonne soupe » vous démontrera combien le **brodo** est important dans la cuisine familiale italienne : « **Gallina vecchia fa buon brodo** » *(gal-li-na vèk-kia fa bouo'n bro-do)* (vieille poule donne du bon bouillon.)

Le verbe **prendere** *(prè'n-dé-ré)* (prendre) s'utilise beaucoup lors de la commande.

Conjugaison	*Prononciation*
io prendo	*i-o prè'n-do*
tu prendi	*tou prè'n-di*
lui / lei prende	*lou-ï / lèï prè'n-dé*
noi prendiamo	*noï prè'n-dia-mo*
voi prendete	*voï prè'n-dé-té*
loro prendono	*lo-ro prè'n-do-no*

INFO CULTURELLE

Remarquez que le serveur s'adresse au couple en disant **signori** *(si-gno-ri)* qui est le pluriel de **signore** *(si-gno-ré)* (monsieur) pour dire madame, monsieur.

Les pâtes italiennes sont faites à partir de farine de blé dur et d'eau. Il y a des dizaines de types de pâtes, il suffit qu'elles changent de taille pour changer de noms ! On les divise en pâtes courtes et pâtes longues. Nous n'en citerons que quelques-unes : **bucatini** *(bou-ca-ti-ni)* (légèrement plus gros que les spaghettis), **penne** *(pé'n-né)* (cylindres courts aux extrémités en biseau comme des plumes, d'où leur nom), **fusilli** *(fou-zil-li)* (en spirale), **tagliatelle** *(ta-llia-tél-lé)* (long ruban), **fettuccine** *(fét-tout-tchi-né)* (longs filaments plats), **tortelli** *(tor-tél-li)* (pâtes farcies à la ricotta, aux épinards ou au potiron… la forme et la recette changent d'une ville à l'autre !) ; **spaghetti alle vongole** *(spa-guét-ti al-lé vo'n-go-lé)* (spaghettis aux palourdes), appelés **spaghetti alle veraci** *(spa-guét-ti al-lé vé-ra-tchi)* à Naples. **Verace** *(vé-ra-tché)* signifie « authentique, naturel », ici cela veut dire que les palourdes sont authentiquement italiennes !

La pasta fatta in casa *(la pa-sta fat-ta in ca-za)* : les pâtes maison sont incomparables, dommage que la tradition se perde par manque de temps ! Elles peuvent être consommées fraîches – **pasta fresca** *(pa-sta fré-sca)* – ou non, il suffit de les laisser sécher. Dans certaines régions, les pâtes farcies fraîches (**tortelli**, **ravioli**…) sont incontournables au repas de Noël ou de Pâques. La pâte des pâtes (!) peut contenir divers ingrédients – épinards, œufs, tomates, encre de seiche – qui leur donnent leur couleur.

Les pâtes se cuisent **al dente** *(al dè'n-té)* (terme qui vient de « dent »), il faut qu'elles soient fermes sous la dent lorsque vous les égouttez. Certains types de pâtes se mangent dans le bouillon où elles ont cuit. On fait la différence entre la **pasta asciutta** *(pa-sta a-chiout-ta)* (sans bouillon) et à la **pasta in brodo** *(pa-sta in bro-do)* (dans le bouillon).

Buon appetito! *(bouo'n ap-pé-ti-to)* (Bon appétit !)

Voici la conjugaison du verbe **volere** *(vo-lé-ré)* (vouloir) au conditionnel car quand on est poli on dit « nous voudrions », seul le roi dit « nous voulons » !

Il y a prego et prego…

Prego *(pré-go)* veut dire « de rien » en réponse à **grazie** *(gra-tsié)* (merci) ; mais aussi « Je vous écoute » de la part du serveur venu prendre votre commande ; « Voilà » quand celui-ci pose votre plat devant vous ; « Je vous (t') en prie » quand on vous laisse passer ou parler en premier ; « Tenez ! » lorsqu'on vous rend la monnaie ou votre carte de crédit ; « Entrez » en réponse à **permesso** (que vous dites en franchissant le seuil d'une maison). C'est aussi la réponse à **posso** (Je peux ; Permettez) que l'on dit si l'on veut s'asseoir, prendre quelque chose… Voici quelques exemples :

- **Grazie.** *(gra-tsié)* (Merci)
- **Prego.** *(pré-go)* (De rien)
- **Prego !** *(pré-go)* (Vous désirez ?)
- **Posso entrare.** *(pos-so è'n-tra-ré)* Je peux entrer ?
- **Prego!** *(pré-go)* (Faites donc !)
- **Prego signore.** *(pré-go si-gno-ré)* (Voilà monsieur.)
- **Grazie!** *(gra-tsié)* (Merci !)

Conjugaison	*Prononciation*
io vorrei	*i-o vor-rèï*
tu vorresti	*tou vor-rè-sti*
lui / lei vorrebbe	*lou-ï / lèï vor-rèb-bé*
noi vorremmo	*noï vor-rè'm-mo*
voi vorreste	*voï vor-rè-sté*
loro vorrebbero	*lo-ro vor-rèb-bé-ro*

La pizza, mais pas seulement...

Mots clés

soltanto	sol-ta'n-to	seulement
saporito/a	sa-po-ri-to/a	savoureux, savoureuse(x) (se)
piccante [f/m]	pic-ca'n-té	relevé(e), épicé(e)
verdura [f]	vér-dou-ra	légume(s)
tutti e due	tout-ti é dou-é	les deux, tous les deux

Le choix de pizzas qu'on vous propose dans les pizzerias est à vous couper le souffle, nous ne nous les répertorions pas toutes, rassurez-vous ! Voici seulement un truc à savoir : la **pizza bianca** *(pit-tsa bia'n-ca)* (pizza « blanche ») ne contient pas de sauce tomate, contrairement à la **pizza rossa** *(pit-tsa ros-sa)* (pizza « rouge ») qui en contient, celle-ci est de loin la plus répandue. En dehors de cette base, on peut vous mettre tous les ingrédients que vous voulez. D'ailleurs une petite note au bas de la carte vous indique le prix à payer par ingrédient supplémentaire si vous désirez ajouter quelque chose à la pizza que vous avez choisie. Certaines pizzerias proposent aussi des plats mais ne vous attendez pas à trouver des choses extraordinaires. Si vous voulez manger des plats raffinés et de bonnes pâtes, allez dans un restaurant qui ne fait que restaurant. En regardant la carte à l'entrée, vous aurez une idée de son standing, tant par ce qu'il offre que par les prix qu'il pratique !

TRUC

Attention aux faux amis : **il menù** n'est pas le menu (qui n'existe pas en Italie) mais la carte. Dans un café, on dira **la lista**.

Les pizzerias font aussi des desserts naturellement !

Mots clés

Leggero/a	léd-djè-ro/a	léger, légère
insalata mista	i'n-sa-la-ta mi-sta	salade verte avec des tomates
il menù [m]	il mé-nou	la carte
avere fame	a-vé-ré fa-mé	avoir faim
avere sete	a-vé-ré sé-té	avoir soif

Un petit dessert ?

Vous ne pouvez pas ne pas avoir entendu parler du **gelato** *(djé-la-to)* (glace), qui n'a rien à voir avec ce qu'on appelle en France « glace à l'italienne ». Les glaces sont d'autant plus délicieuses lorsque ce sont des **gelati artigianali** *(djé-la-ti ar-ti-dja-na-li)* (glaces artisanales). À la **gelateria** *(djé-la-té-ri-a)* (glacier), vous devrez choisir entre **un cono** *(ou'n co-no)* (un cornet) et **una coppetta** *(ou-na cop-pét-ta)* (un petit pot). Vous pourrez aussi emporter du **gelato confezionato** *(djé-la-to co'n-fé-tsio-na-to)* (glace au poids) qu'on vous met dans **una confezione** *(ou-na co'n-fé-tsio-né)* (boîte), d'où son nom.

On vous demandera **quanti gusto vuole?** *(coua'n-ti gou-sti vouo-lé)* (combien de parfums vous voulez ?) La grosseur de la glace ne s'exprime pas en boules mais en euros : **ou'n cono a €1.50**. Vous aurez le choix de la prendre **con panna o senza** *(co'n pa'n-na o sè'n-tsa)* (avec ou sans crème chantilly).

Mots clés

gelato [m]	djé-la-to	glace
cono [m]	co-no	cornet
coppa [f]	cop-pa	petit pot
gusto [m]	gou-sto	parfum
dieta [f]	dié-ta	régime

Au restaurant ou à la pizzeria, vous pourrez prendre une glace, mais elles ne sont pas aussi bonnes ! Sinon, on vous proposera : **dolce** *(ou'n dol-tché)* (dessert de type gâteau), **frutta fresca** *(frout-ta fré-sca)* (fruits frais), **macedonia** *(ou-na ma-tché-do-nia)* (salade de fruits), **fragole co'n o senza panna** *(fra-go-lé co'n o sè'n-tsa pa'n-na)* (fraises avec ou sans crème chantilly) ou **con succhero e limone** *(co'n dzouk-kéro e li-mo-né)* (avec du sucre et du citron), **frappè** *(frap-pè)* (milk shake)… Et après ce bon repas : **caffè?** (caf-fè) (Café ?) Non ? Alors, peut-être **un'infusione** *(ou'ni'n-fou-zio-né)* (tisane, infusion) appelé aussi **infuso** *(i'n-fou-so)* ?

Les courses

La majorité des Italiens vont **fare la spesa** *(fa-*ré *la spé-za)* (faire leurs / les courses) au **supermercato** *(sou-per-mer-ca-to)* (supermarché) et ils vont à **l'alimentari** *(la-li-mé'n-ta-ri)* (épicerie) du coin s'ils ont oublié **il latte** *(il lat-té)* (le lait) et **i biscotti** *(i bi-scot-ti)* (les biscuits) pour le petit-déjeuner, **i formaggi** *(i for-mad-dji)* (les fromages) ou **i prodotti freschi** *(i pro-dot-ti fré-ski)* (les produits frais).

Mais, on peut aussi aller dans les petits **negozi** *(né-got-tsi)* (commerces) pour **comprare** *(co'm-pra-ré)* (acheter) **la carne** *(la car-né)* (la viande) **dal macellaio** *(dal ma-tchél-la-io)* (chez le boucher), **il prosciutto** *(il pro-chiout-to)* (le jambon) **dal salumiere** *(dal sa-lou-miè-ré)* (chez le charcutier). Pour vous procurer **il caffè** *(il caf-*

Chapitre 6

Faire des achats

Dans ce chapitre :

- Suivre les clients dans un grand magasin
- Trouver votre taille « italienne »
- Le choix des couleurs et des tissus
- Les petits accessoires
- Essayer des chaussures

La mode italienne est réputée dans le monde entier avec ses **stilisti** *(sti-li-sti)* (grands couturiers), comme **Armani** *(ar-ma-ni)*, **Ferré** *(fér-ré) ou* **Valentino** *(va-lè'n-ti-no)*. Les Italiens aiment s'habiller, il n'y a qu'à les regarder pour le constater. Vous aurez peut-être vous aussi l'envie d'aller lécher les vitrines et de faire des achats. Quel meilleur endroit pour faire du shopping qu'un pays à la pointe de la mode qui est de surcroît un maître dans l'art de faire les chaussures ?

Pour dire « marque », outre le terme **marca** *(mar-ca)*, les Italiens utilisent le mot français **griffe** (un hasard ?…) ou **firma** *(fir-ma)* qui veut dire littéralement « signature ». D'un vêtement d'un grand couturier, on dira qu'il est **griffato** *(grif-fa-to)* ou **firmato** *(fir-ma-to)*.

Où s'habiller ?

Faire des courses est aussi une manière d'approcher une culture. On découvre des styles de vêtements différents même si c'est de moins en moins vrai car on trouve maintenant en Italie les mêmes chaînes de magasins que dans toute l'Europe… Mais heureusement l'authentiquement italien existe encore ! Les boutiques de vêtements ne manquent pas, les grands magasins non plus et puis il y a les boutiques des grands couturiers...

Les grands magasins

Dans les **grandi magazzini** *(gra'n-di ma-gad-dzi-ni)* (grands magasins) italiens, **Standa** *(sta'n-da)*, **Upim** *(ou-pim)*, **Coin** *(co-i'n)* ou **la Rinascente** *(la ri-na-chè'n-té)* (le plus cher), vous ne serez guère dépaysé !

Au fait, comment dit-on shopping en italien ? Eh bien **shopping**... et puis **fare spese** *(fa-ré spé-zé)* (faire des courses), à ne pas confondre avec **fare la spesa** *(fa-ré la spé-za)* (faire les / ses courses). Cette fois, vous n'échapperez pas à la conjugaison du verbe **fare** *(fa-ré)* (faire) :

Conjugaison	***Prononciation***
io faccio	*i-o fat-tcho*
tu fai	*tou faï*
lui / lei fa	*lou-i / lèï fa*
noi facciamo	*noï fat-tcha-mo*
voi fate	*voï fa-té*
loro fanno	*lo-ro fa'n-no*

Pour vous orienter dans un grand magasin, il suffit de regarder les enseignes et autres panneaux. Repérez tout de suite l'**uscita di sicurezza** *(ou-chi-ta di si-cou-rét-tsa)* (sortie de secours), au cas où... Voyons-en quelques-autres :

- **entrata** *(é'n-tra-ta)* (entrée)
- **uscita** *(ou-chi-ta)* (sortie)
- **scala mobile** *(sca-la mo-bi-lé)* (escalator)
- **ascensore** *(la-chè'n-so-ré)* (ascenseur)
- **cassa** *(cas-sa)* (caisse)

Et puis, cela peut être utile de savoir ce que veut dire :

- **orario di apertura** *(o-ra-rio di a-per-tou-ra)* (heures d'ouverture)
- **aperto** *(a-per-to)* (ouvert)
- **chiuso** *(kiou-zo)* (fermé)
- **chiuso per turno...** *(kiou-zo per tour-no)* (jour de fermeture...)
- **spingere** *(spi'n-djé-ré)* (pousser)
- **tirare** *(ti-ra-ré)* (tirer)

Les grands magasins offrent une vaste gamme d'articles qui sont très italiens. Si vous avez la chance d'être en Italie pendant l'été ou en début d'année, vous pourrez profiter des **saldi** *(sal-di)* (soldes) ! Il se peut que **il prezzo** *(il prèt-tso)* (le prix) soit déjà réduit sur l'étiquette ou qu'un panneau indique 50 % **di sconto** *(di sco'n-to)* (de remise) sur tout un rayon ou encore **saldi alla cassa** *(sal-di al-la cas-sa)* (réduction à la caisse). Souvent des articles en soldes côtoient des articles non soldés, si vous avez un doute demandez à la caisse **È scontato?** *(è sco'n-ta-to)* (C' / Il / Elle est soldé(é) ?) et si vous voulez savoir de combien, dites : **Di quanto ?** et l'on vous répondra **Di... per cento** *(di... per tchè'n-to)* (De... pour cent), d'où l'intérêt de connaître les chiffres (rendez-vous au chapitre 3) ! Vous paierez sans problème avec votre carte de crédit (attention aux commissions que prend votre banque, renseignez-vous avant de partir pour éviter les surprises désagréables !) ou **in contanti** *(in co'n-ta'n-ti)* (en espèces). Si vous résidez en Italie depuis peu, sachez que les chèques sont très peu acceptés.

Voyons quelques panneaux indiquant les divers **reparti** *(ré-par-ti)* (rayons) :

- **abbigliamento donna** *(ab-bi-llia-mé'n-to do'n-na)* (prêt-à-porter femmes)
- **abbigliamento uomo** *(ab-bi-llia-mé'n-to ouo-mo)* (prêt-à-porter hommes)
- **intimo donna** *(i'n-ti-mo do'n-na)* (lingerie femme)
- **intimo uomo** *(i'n-ti-mo ouo-mo)* (sous-vêtements homme)

- **accessori** *(at-tchès-so-ri)* (accessoires)
- **profumeria** *(pro-fou-mé-ri-a)* (parfumerie)
- **articoli da toletta** *(ar-ti-co-li da to-lét-ta)* (articles de toilette)
- **casalinghi** *(ca-za-li'n-gui)* (articles ménagers)
- **biancheria per la casa** *(bia'n-ké-ri-a per la ca-za)* (linge de maison)
- **articoli sportivi** *(ar-ti-co-li spor-ti-vi)* (sport)
- **articoli da regalo** *(ar-ti-co-li da ré-ga-lo)* (cadeaux)

Remarquez l'emploi de **da** *(da)* (de) dans **articoli da toletta** et **articoli da regalo**, qui indique la fonction.

Mots clés

grande magazzino	gra'n-dé ma-gad-dzi-no	grand magasin
abbigliamento	ab-bi-llia-mé'n-to	prêt-à-porter
intimo	i'n-ti-mo	lingerie, sous-vêtements
camerino	ca-mé-ri-no	cabine d'essayage

Avere bisogno di *(a-vé-ré bi-zo-gno di)* (avoir besoin de) est une expression qui s'utilise fréquemment quand on fait des achats : **Ho bisogno di un paio di scarpe** *(o bi-zo-gno di ou'n pa-io di scar-pé)* (J'ai besoin d'une paire de chaussures) ; **Di cosa hai bisogno?** *(di co-za aï bi-zo-gno)* (De quoi tu as besoin ? Qu'est-ce qu'il te faut ?). Pour réviser la conjugaison du verbe avoir, reportez-vous au début du chapitre 2.

INFO CULTURELLE

Un vestito da pomeriggio, littéralement un vêtement d'après-midi, est un vêtement élégant pour sortir, sans être une tenue de soirée.

Si vous voulez demander quelque chose à **la commessa** *(la co'm-més-sa)* (la vendeuse) ou **il commesso** *(il co'm-més-so)* (le vendeur), outre **scusi** (scou-zi) (excusez-moi) vous pouvez dire : **Mi può aiutare, per**

favore? *(mi pouo aiou-ta-ré per fa-vo-ré)* (Vous pourriez m'aider, s'il vous plaît ?). Si vous ne faites que regarder et que la vendeuse vous demande : **Posso essere d'aiuto?** *(pos-so ès-sé-ré da-iou-to)* (Je peux vous aider ?) ou **Desidera?** *(dé-zi-dé-ra)* (Vous désirez ?), vous pouvez répondre : **Sto solo dando un'occhiata, grazie** *(sto so-lo da'n-do ou-nok-kia-ta gra-tsié)* (Je regarde juste / Je donne juste un coup d'œil, merci.)

Mots clés

vestiti / abiti [m p]	vè-sti-ti / a-bi-ti	vêtements
vestito / abito [m]	vè-sti-to /a-bi-to	robe, costume
paio di pantaloni [m p]	pa-io di pa'n-ta-lo-ni	pantalon
gonna [f]	go'n-na	jupe
giacca [f]	djac-ca	veste
et pour aller plus loin…		
camicetta [f]	ca-mi-tchét-ta	chemisier
camicia [f]	ca-mi-tcha	chemise
cappotto [m]	cap-pot-to	manteau
completo [m] ensemble	co'm-plè-to	complet,
impermeabile [m]	i'm-per-mé-a-bi-lé	imperméable
paio di jeans [m p]	pa-io di dji'ns	jean
maglia [f]	ma-llia	pull
maglietta [f]	ma-lliét-ta	T-shirt, haut
T-shirt [f]	ti-cheurt	T-shirt
tailleur [m] / vestito a giacca	ta-ieur / vè-sti-to a djac-ca	tailleur

Voici la conjugaison du verbe **uscire** *(ou-chi-ré)* (sortir) qui est un verbe irrégulier…

Conjugaison	*Prononciation*
io esco	*i-o ès-co*
tu esci	*tou é-chi*
lui / lei esce	*lou-i / lèï é-ché*
noi usciamo	*noï ou-chia-mo*
voi uscite	*voï ou-chi-té*
loro escono	*lo-ro ès-co-no*

Les tailles italiennes

En Italie, les **taglie** *(ta-llié)* ou **misure** *(mi-zou-ré)* (tailles) ne sont pas les mêmes qu'en France, il faut compter deux tailles en plus. Le tableau suivant vous aidera à vous y retrouver.

Tableau 6-1 : Tailles des vêtements

italiennes	*françaises*	*canadiennes*
Femme		
40	36	6
42	38	8
44	40	10
46	42	12
48	44	14
50	46	16
Homme (costume)		
48	48	40
50	50	42
52	52	44
54	54	46
56	56	48
58	58	50

Les tailles S, M, L, et XL existent aussi en Italie.

Avete una taglia più grande? Notez que Giovanna s'adresse à la vendeuse en utilisant la deuxième personne du pluriel (**voi**) et non la forme de politesse (**lei**), il y a deux raisons possibles pour cela : elle emploie un « vous » générique pour dire « le magasin » et non « vous, la vendeuse » comme on le fait en français ; elle est du Sud de l'Italie où l'on utilise **voi**, et non **lei**, pour vouvoyerz une personne !

Remarquez la construction du verbe **piacere** *(pia-tché-ré)* (plaire, aimer) : **il blu non mi piace** *(il blou no'n mi pia-tché)* (littéralement : le bleu ne me plaît pas), en français on utiliserait spontanément le verbe aimer : je n'aime pas le bleu.

Lorsqu'il est impossible de connaître le genre des mots par leur terminaison et c'est le cas des mots étrangers, exemple : **la T-shirt** [f] et **il gilet** [m] *(il gi-lé)* (gilet d'un complet trois pièces), il suffit de les apprendre avec l'article !

Notez l'emploi du verbe **stare** *(sta-ré)* (aller) pour un vêtement : **Le sta bene** *(lé sta bé-né)* (Elle vous va bien) ; **Non mi sta bene** *(no'n mi sta bé-né)* (Ça ne me va pas).

Colorez votre italien

On peut difficilement faire des gestes pour expliquer quelle couleur on veut ! Dans le tableau suivant, nous avons répertorié **i colori** *(i co-lo-ri)* (les couleurs) les plus courantes. Attention au genre : **un colore** *(ou'n co-lo-ré)* (une couleur) est masculin en italien !

Dans la même rubrique, notons aussi deux adjectifs importants : **scuro** *(scou-ro)* (foncé) et **chiaro** *(kia-ro)* (clair).

Tableau 6-2 : Couleurs

Italien	*Prononciation*	*Traduction*
arancione	*a-ra'n-tcho-né*	orange

Tableau 6-2 (suite)

Italien	*Prononciation*	*Traduction*
azzurro	*ad-dzour-ro*	bleu ciel
beige	*bè-ge*	beige
bianco	*bia'n-co*	blanc
blu	*blou*	bleu
giallo	*djal-lo*	jaune
grigio	*gri-djo*	gris
marrone	*mar-ro-né*	marron
nero	*né-ro*	noir
rosa	*ro-za*	rose
rosso	*ros-so*	rouge
verde	*ver-dé*	vert
viola	*vio-la*	violet

POINT DE GRAMMAIRE

Les adjectifs de couleurs suivent la même règle que les adjectifs (voir chapitre 2) sauf **beige, blu, rosa** et **viola** qui sont invariables.

POINT DE GRAMMAIRE

Dans la phrase **La posso aiutare?** *(la pos-so aiou-ta-ré)* (Puis-je vous aider ?), le pronom se place avant le verbe **potere** *(po-té-ré)* (pouvoir) et non avant le verbe « aider » comme en français. Il existe une deuxième construction : **posso aiutarLa?**, le pronom « s'accroche » après le verbe à l'infinitif et celui-ci perd son **-e** final. Cette construction n'est possible qu'avec un verbe à l'infinitif.

Coton ou acrylique ?

Vous voudrez sûrement savoir de quel tissu est fait le vêtement que vous achetez : **fibre naturali** *(fi-bré na-tou-ra-li)* (fibres naturelles), ou **sintetiche** *(si'n-té-ti-ké)* (synthétiques) comme **la viscosa** *(la vis-co-za)* (rayonne) ou **l'acrilico** *(la-cri-li-co)* (acrylique). Si vous voulez quelque chose 100 % coton, demandez « **È puro cotone?** » *(è pou-ro co-to-né)* (c'est du pur coton ?) et si vous n'y connaissez rien, la vendeuse risque de vous répondre : **No, è lino** (*no, è li-no*) (Non, c'est du lin.)

Un petit accessoire ?

Quelques **accessori** *(at-tchés-so-ri)* (accessoires) pour la touche finale ?

berretto *(bèr-rét-to)* (bonnet, casquette) **borsa** *(bor-sa)* (sac à main) **cappello** *(cap-pèl-lo)* (chapeau) **cintura** *(tchi'n-tou-ra)* (ceinture) **cravatta** *(cra-vat-ta)* (cravate) **guanti** *(gou-a'n-ti)* (gants) **ombrello** *(o'm-brèl-lo)* (parapluie) **sciarpa** *(char-pa)* (écharpe).

Mots clés

cotone	co-to-né	coton
viscosa	vis-co-za	rayonne
acrilico	a-cri-li-co	acrylique
et pour aller plus loin…		
camoscio	ca-mo-cho	daim
flanella	fla-nèl-la	flanelle
lana	la-na	laine
lino	li-no	lin
pelle	pèl-lé	cuir
seta	sé-ta	soie
velluto	vél-lou-to	velours

TRUC

Remarquez une autre expression, plus idiomatique et très utilisée, pour dire **Non a bisogno di guanti?** (no'n a bi-zo-gno di *gou-a'n-ti*) (vous n'avez pas besoin de gants ?) : **Non Le servono**

dei guanti? On utilise le verbe **servire** *(ser-vi-ré)* (avoir besoin, falloir, et aussi servir...) ; notez la construction : le sujet est **guanti**. On pourrait traduire par : Il ne vous faut pas de gants ?

Marcher à l'italienne

On ne peut pas venir au pays de la **scarpa** *(scar-pa)* (chaussure) sans donner au moins un coup d'œil aux vitrines et sûrement craquer pour la paire de ses rêves ! Pas de doute, les Italiens ont du goût ! Il y a évidemment diverses qualités et la bonne qualité est chère ! Voilà ce que vous trouverez en vitrine : **scarpe** *(scar-pé)* (chaussures), **sandali** *(sa'n-da-li)* (sandales), **stivali** *(sti-va-li)* (bottes) ou **pantofole** *(pa'n-to-fo-lé)* (chaussons, pantoufles).

Quand vous essayerez des chaussures, vous aurez peut-être besoin de dire :

- **strette** *(strét-té)* (étroites)
- **larghe** *(lar-gué)* (larges)
- **corte** *(cor-té)* ; **piccole** *(pic-co-lé)* (petites)
- **lunghe** *(lou'n-gué)* ; **grandi** *(gra'n-dé)* (grandes)

Nous vous donnons ces adjectifs au féminin pluriel, **le scarpa** *(les scar-pé)* (les chaussures) l'étant aussi. Si vous voulez parler d'une seule, vous savez comment faire : les adjectifs qui font leur pluriel en **-e** ont un singulier en **-a** et ceux qui font leur pluriel en **-i** ont un singulier en **-o** ou en **-e**.

Pour les chaussures, on ne parle pas de **taglia** *(ta-llia)* ni de **misura** *(mi-zou-ra)* (taille) mais de **numero** *(nou-mé-ro)* (pointure).

INFO CULTURELLE

Les pointures italiennes diffèrent des pointures françaises. Il faut compter une pointure en moins, si vous faites du 38 français, vous prendrez du 37 italien.

Avant d'enfiler vos chaussures, vous mettrez sûrement des **calze** *(cal-tsé)* (bas, chaussettes), des **collant** *(col-la'n)* (collants) ou des **calzini** *(cal-tsi-ni)* (soquettes) ?

Ah ! nous allions oublier de parler du prix :

- **è caro/a** *(è ca-ro/a)* (c'est / il est cher / elle est chère) ; **sono cari/e** *(so-no ca-ri/é)* (ils sont chers / elles sont chères)
- **è carissimo** *(ca-ris-si-mo)* (c'est / il est très cher/) ; (c'est / il est hors de prix). Vous saurez le dire au féminin et au pluriel ? Sûr !
- **è economico** *(é-co-no-mi-co)* (ce n'est pas cher)
- **è a buon mercato** *(è a bouo'n mer-ca-to)* (c'est bon marché) (il / elle est bon marché) et au pluriel ? **sono**....
- **è un'occasione** *(è ou-noc-ca-zio-né)* ; **è un affare** [m] *(è ou-naf-fa-ré)* (c'est une affaire)

Dans certains magasins où l'on achète des articles chers (maroquinerie, bijouterie), on peut demander au commerçant de baisser le prix : «**Mi fa uno sconto?** » *(mi fa ou-no sco'n-to)*, ou il le fera ou il vous enverra « paître » : **mandarLa a quel paese** *(ma'n-dar-la a couèl pa-é-zé)* (littéralement : il vous enverra dans un pays lointain et indéfini) en vous disant : **Mi dispiace ma non posso !**

Chapitre 7

Sortir et se détendre

Dans ce chapitre :

- Les jours et l'heure
- Visiter la ville en compagnie de touristes
- Aller au cinéma, au théâtre, au musée, au concert…
- Comment faire et recevoir des invitations
- Prendre le vert
- Le point sur les verbes pronominaux (moins drôle mais utile !)
- Le sport en Italie

Sortir en ville est toujours plaisant et **fare il turista** *(fa-ré il tou-ri-sta)* (jouer au touriste), y compris dans sa propre ville, est plutôt sympa. Dans ce chapitre, vous trouverez des tas d'informations pour sortir et faire des visites culturelles.

Les Italiens sont plutôt sociables et aiment prendre du bon temps. L**a piazza** *(soul-la piat-tsa)* (la place ou l'une les places principales de la ville) est un haut lieu de rassemblement, **il bar** *(il bar)* (le café) aussi ! Pendant le week-end, les rues du centre-ville sont noires de monde : on va faire un tour, on se retrouve **tra amici** *(tra a-mi-tchi)* (entre amis), on sort.

Qu'elles soient touristiques ou non, les villes italiennes sont très actives sur le plan culturel : cinéma, théâtre, concerts en tout genre. L'été, tout cela se fait **all'aperto** *(al-la-per-to)* (en plein air). Et, bien sûr, il y a les musées !

Les jours et l'heure

Pour organiser vos sorties, il faut connaître les jours et savoir dire l'heure. Le tableau suivant vous donne les jours et leur abréviation.

Tableau 7-1 : Les jours

Italien / abréviation	*Prononciation*	*Traduction*
domenica / do.	*do-mé-ni-ca*	dimanche
lunedì / lun.	*lou-né-di*	lundi
martedì / mar.	*mar-té-di*	mardi
mercoledì / mer.	*mer-co-lé-di*	mercredi
giovedì / gio.	*djo-vé-di*	jeudi
venerdì / ven.	*vé-ner-di*	vendredi
sabato / sab.	*sa-ba-to*	samedi

Venerdì *(vé-ner-di)* (vendredi), vous avez pris rendez-vous avec des amis pour aller au spectacle **domenica** sera *(do-mé-ni-ca sé-ra)* (dimanche soir) **alle nove e mezza** *(al-lé no-vé é méd-dza)* (à neuf heures et demie). **Sabato** *(sa-ba-to)* (samedi), vous découvrez qu'il commence **alle nove** *(al-lé no-vé)* (à neuf heures)… vous courez à votre téléphone !

Si vous arrivez **alle nove** *e* **un quarto** *(al-lé no-vé é ou'n couar-to)* vous serez en retard, par contre à **un quarto alle nove** / **nove** meno un quarto *(ou'n couar-to al-lé no-vé / no-vé mé-no ou'n couar-to)* (neuf heures moins le quart) ce sera parfait. L'un de vos amis vous propose d'y être **alle cinque alle nove** / **nove meno cinque** *(al-lé tchi'n-coué al-lé no-vé / no-vé mé-no tchi'n-coué)* (neuf heures moins cinq) car, dit-il, le spectacle ne commence jamais avant **le nove e dieci** (lé *no-vé é dié-tchi)* (neuf heures dix). Voilà, vous avez quasiment fait le tour du cadran avec la petite aiguille !

De **mezzogiorno** *(méd-dzo-djor-no)* (midi) à **mezzanot-teinuit** *(méd-dza-not-té) (minuit),* comme en français on utilise douze heures, treize heures, etc. quand il s'agit d'horaires officiels. Dans le cas contraire, si l'on veut préciser, on dira : **l'una di mattina** *(lou-na di mat-ti-na) (une heure* du matin) ; **l'una di pomeriggio** *(lou-na di po-mé-rid-djo)* (une heure de l'après-midi) ; le dieci **di sera** *(lé dié-tchi di sé-ra)* (dix heures du soir).

Pour écrire l'heure en chiffres, on procède ainsi : de **1.00** à **24.00** (ou **00.00**). On écrit aussi : **ora 1.00**, **ore 15.00**.

Maintenant que vous avez toutes les cartes en main, vous pouvez demander l'heure. Il y a deux manières de le faire : **Che ora è?** *(ké o-ra è)* et **Che ore sono?** *(ké o-ré so-no)* (Quelle heure est-il ?). La première est au singulier, la seconde au pluriel. Alors que vous pouvez indifféremment utiliser le singulier ou le pluriel dans la question, dans la réponse vous n'avez pas ce choix : **è l'una** *(è lou-na) (è lou-na)* (il est une heure) ; **sono le due** *(so-no lé dou-é)* (il est deux heures).

TRUC

Vous avez remarqué que l'article défini précède le nombre indiquant l'heure mais qu'on ne dit pas le mot « heure » : **le nove** *(lé no-vé)* (neuf heures) ; **dalle nove alle dieci** *(dal-lé no-vé al-lé dié-tchi)* (de neuf heures à dix heures) ; **l'una** *(lou-na)* (une heure) ; **all'una** *(al-lou-na)* (à une heure) ; **dall'una** *(dal-lou-na)* (à partir d'une heure).

Situons-nous dans le temps : **l'altro ieri** *(lal-tro ié-ri)* (avant- hier) ; **ieri** *(ié-ri)* (hier) ; **oggi** *(od-dji)* (aujourd'hui) ; **domani** *(do-ma-ni)* (demain) ; **domani l'altro** *(do-ma-ni lal-tro)* ou **dopodomani** *(do-po-do-ma-ni)* (après-demain). *Pour le lendemain, on dit* **l'indomani** *(li'n-do-ma-ni) ou* **il giorno dopo** *(il djor-no do-po)* (littéralement : le jour d'après).

Voici quelques-uns de ces mots en contexte :

- **Lo spectacolo è domani l'altro.** *(lo spét-ta-co-lo è do-ma-ni lal-tro)* (Le concert a lieu après-demain.)
- **Arrivo a Milano dopodomani.** *(ar-ri-vo a mi-la-no do-po-do-ma-ni)* (J'arrive à Milan après-demain.)
- **Dov'eri ieri pomeriggio?** *(do-vé-ri ié-ri po-mé-rid-djo)* (Où étais-tu hier après-midi ?)

- **Il concerto è stato l'altro ieri. L'hai perso!** *(il co'n-tcher-to è sta-to lal-tro ié-ri laï per-so)* (Le concert a eu lieu avant-hier. Tu l'as raté !)

INFO CULTURELLE

Il existe deux termes pour cathédrale : **duomo** [m] et **cattedrale** [f]. Le premier est plus fréquemment utilisé. Dans chaque ville, il existe une **piazza duomo** *(piat-tsa douo-mo)* (place de la cathédrale) et l'édifice est un point de repère.

Les spectacles

Dans les grandes villes, vous trouverez una **pubblicazione** *(ou-na poub-bli-ca-tsio-né)* (publication, journal) sur les événements culturels : théâtre, spectacles, cinéma, festivals, expositions… avec des pages réservées au shopping et aux restaurants. Il y a aussi pas mal de **pubblicità** *(poub-bli-tchi-ta)* (publicité) !

En Italie, ces petits journaux sortent le jeudi. Dans les kiosques, au centre de Rome, vous en trouverez qui sont spécialement conçus pour les touristes. Il n'est pas dit que vous en trouviez dans toutes les petites villes, rabattez-vous sur **l'ufficio del turismo** *(louf-fi-tcho dél tou-riz-mo)* (l'office du tourisme) ou le journal local, et regardez les murs, ils informent les citoyens sur tous les événements culturels par voie d'affiches.

Et puis, vous savez que la meilleure source d'informations est le bouche-à-oreille… alors si vous rencontrez des gens, demandez-leur :

- **Cosa c'è da fare qui di sera?** *(co-za chè da fa-ré coui di sé-ra)* (Qu'est-ce qu'il y a à faire ici le soir ?)
- **Può suggerirmi qualcosa?** *(pou-o soud-djé-rir-mi coual-co-za)* (Vous pouvez (politesse) me suggérer quelque chose ?)
- **C'è un concerto stasera?** *(chè ou'n co'n-tcher-to sta-sé-ra)* (Il y a un concert ce soir ?)
- **Ci sono ancora posti?** *(tchi so-no a'n-co-ra po-sti)* (Il y a encore des places ?)

- **Dove si comprano i biglietti**? *(do-vé si co'm-pra-no i bi-lliét-ti)* (Où s'achètent les billets ?)
- **Quanto vengono i biglietti?** *(coua'n-to vè'n-go-no i bi-lliét-ti)* (Combien coûtent les billets ?)
- **Non c'è niente di più economico?** *(non chè niè'n-té di piou é-co-no-mi-co)* (Il n'y a pas moins cher ?)

Voici la conjugaison d'un verbe essentiel quand on se renseigne sur un spectacle : **cominciare** *(co-mi'n-tcha-ré)* (commencer).

Conjugaison	***Prononciation***
io comincio	*i-o co-mi'n-tcho*
tu cominci	*tou co-mi'n-tchi*
lui / lei comincia	*lou-i / lèï co-mi'n-tcha*
noi cominciamo	*noï co-mi'n-tcha-mo*
voi cominciate	*voï co-mi'n-tcha-té*
loro cominciano	*lo-ro co-mi'n-tcha-no*

Mots clés

a che ora?	a ké o-ra	À quelle heure ?
quando?	coua'n-do	Quand ?
dove?	do-vé	Où ?
biglietto [m]	bi-lliét-to	billet
spettacolo [m]	spét-ta-co-lo	spectacle
cominciare	co-mi'n-tcha-ré	commencer
finire	fi-ni-ré	finir

Au cinéma

En Italie, les films étrangers sont **doppiati** *(dop-pia-ti)* (doublés), on ne les trouve en version originale que dans les ciné-clubs. Enfin c'est toujours marrant d'entendre Catherine Deneuve parler en italien ! N'hésitez pas à aller au cinéma même si vous ne comprenez pas grand chose, ça ne pourra faire que du bien à votre italien. Et puis l'image, ça aide !

Voyons un peu de vocabulaire :

- **Andiamo al cinema?** *(a'n-dia-mo al tchi-né-ma)* (On va au ciné ?)
- **Cosa danno?** *(co-za da'n-no)* (Qu'est-ce qui passe ?)
- **Dove lo danno?** *(do-vé lo da'n-no)* ou **Dove lo fanno?** *(do-vé lo fa'n-no)* (Où il passe ?)
- **È uscito l'ultimo film con Lo Cascio !** *(è ou-chi-to loul-ti-mo film co'n lo ca-chio)* (Le dernier film avec **Lo Cascio est sorti.**)
- **Dov'è l'Iris?** *(do-vé li-ris)* (Où est l'Iris?)

INFO CULTURELLE

Le cinéma italien

L'Italie est célèbre pour son septième art et nombre de ses metteurs en scène ont acquis une renommée internationale : Federico Fellini, Luchino Visconti, Bernardo Bertolucci, Vittorio De Sica, Nanni Moretti, Roberto Benigni… pour ne citer qu'eux. Certains de leurs films sont de véritables chefs-d'œuvre de la culture italienne. Nous vous en recommandons quelques-uns que vous pourrez peut-être louer à défaut de les voir au cinéma…

Le notti di Cabiria (*Les Nuits de Cabiria*) et font partie des plus grands de Fellini. ***Bellissima*** est l'un des plus beaux films de Visconti. Toujours entre 1948 et 1957, notons l'inoubliable ***Ladri di biciclette*** (*Le Voleur de bicyclette*) de De Sica. Bertolucci appartient à une période plus récente et doit sa célébrité à ***L'ultimo tango a Parigi*** (*Le Dernier Tango à Paris*). Quant à ***Caro diario*** (*Journal intime*) de Moretti, il a contribué à répandre la culture italienne à l'étranger dans les années 1990. Avec ***La vita è bella*** (*La vie est belle*), Benigni a non seulement dirigé l'un des films les plus applaudis de sa génération mais a remporté le Grand Prix du jury à Cannes et l'Oscar du meilleur film.

Comme en français, on fait un raccourci, il n'est pas besoin de dire **cinema l'Iris**, car tout le monde sait que l'Iris est un cinéma.

On va voir un film, un spectacle, une pièce, etc. Le verbe **vedere** *(vé-dé-ré)* (voir) est très employé et il est irrégulier…

Conjugaison	*Prononciation*
io vedo	*i-o vé-do*
tu vedi	*tou vé-di*
lui / lei vede	*lou-i / lèï vé-dé*
noi vediamo	*noï vé-dia-mo*
voi vedete	*voï vé-dé-té*
loro vedono	*lo-ro vé-do-no*

TRUC

Volontieri *(vo-lè'n-tiè-ri)* (volontiers) est beaucoup plus utilisé que son équivalent français, même dans une conversation entre jeunes. Littéralement, Bianca dit : « Mais, je viens volontiers » (**Ma vengo volontieri**).

INFO CULTURELLE

Pour éviter de faire la queue, dans les **cinema multisala** *(tchi-né-ma moul-ti-sa-la)* (les cinémas à plusieurs salles), vous pouvez réserver votre **biglietto** *(bi-lliét-to)* (billet) par téléphone, il vous en coûtera une commission.

Mots clés

cinema	tchi-né-ma	cinéma
attore [m]	at-to-ré	acteur
attrice [f]	at-tri-ché	actrice
Pour aller plus loin		
regista [f/m]	ré-dji-sta	metteur en scène
trama [f]	tra-ma	intrigue
scena [f]	ché-na	scène

TRUC

Dai! est une exclamation qui a de multiples significations. Dans ce contexte, Alberto l'emploie pour taquiner Chiara. Dans une autre situation, et sur un autre ton, **Dai!** indiquera la surprise ou la désapprobation : **Ma dai ! Non esiste!** *(ma daï no'n é-zi-sté)* (Non ! Ce n'est pas possible !) On l'utilise aussi pour encourager son interlocuteur : **Dai ! Vieni con noi.** *(daï vié-ni co'n noï)* (Allez ! Viens avec nous.)

Au théâtre ce soir...

Lorsque vous irez acheter votre **biglietto** *(bi-lliét-to)* (billet), à l'avance sinon cela risque d'être complet, vous devrez choisir votre place. Voici qui vous y aidera : **in platea** *(i'n pla-té-a)* (à l'orchestre), vous pourrez acheter un billet **poltronissima** *(pol-tro-nis-si-ma)* (fauteuil du premier rang) ou **poltrona** *(pol-tro-na)* (fauteuil dans les rangées suivantes). Dans certains théâtres, on n'utilise plus ces termes mais : **i primi posti** *(i pri-mi po-sti)* (les premiers fauteuils) dans les cinq ou six premiers rangs, **i secondi posti** *(i sé-co'n-di po-sti)* (les seconds fauteuils) dans les autres rangées. Vous préférerez sûrement **un posto centrale** *(ou'n po-sto tchè'n-tra-lé)* (une place au milieu) mais si les fauteuils du milieu sont tous **esauriti** *(é-zaou-ri-ti)* (s'il n'y en a plus), vous vous contenterez d'**un posto laterale** *(ou'n po-sto la-té-ra-lé)* (une place sur le côté).

Vous pouvez demander **un posto palco** *(ou'n po-sto pal-co)* (une place dans une loge). Cela étant, il arrive que **i palchi** *(i pal-ki)* (les loges) soient louées à l'année.

Si l'orchestre est trop cher pour votre bourse ou si vous aimez être en altitude, vous prendrez **un biglietto di galleria** *(ou'n bi-lliét-to di gal-lé-ri-a)* (un billet de balcon) ou, encore **più economico** *(piou é-co-no-mi-co)* (plus économique), **di loggione** *(di lod-djo-né) (au* paradis) encore appelé **la piccionaia** *(la pit-tcho-na-ia)* (littéralement « le pigeonnier » qui correspond à notre poulailler). Payant moins cher, vous verrez moins bien **il palcoscenico** *(il pal-co-chè-ni-co)* (la scène) évidemment !

Aujourd'hui les théâtres sont informatisés et l'on vous montre l'écran de l'ordinateur pour vous faire choisir votre place, il suffit d'avancer son doigt et de dire **qui** *(coui)* (ici) !

Si vous souhaitez assister à **un'opera lirica** *(ou'no-pé-ra li-ri-ca)* (un opéra) dans un théâtre célèbre comme **il Teatro alla Scala** *(il te-a-tro al-la sca-la)* (la Scala de Milan), il vous faudra **prenotare** *(pré-no-ta-ré)* (réserver) les billets plusieurs mois à l'avance, si ce n'est un an !

Des agences de voyage vendent des billets à prix réduits pour certains spectacles, l'office du tourisme devrait pouvoir vous renseigner.

Voilà un autre verbe important : **aspettare** *(a-spèt-ta-ré)* (attendre), qu'on l'on utilise souvent pour les rendez-vous : **ti aspetto davanti al teatro alle 9.00** *(ti a-spèt-to da-va'n-ti al té-a-tro al-lé no-vé)* (Je t'attends devant le théâtre à neuf heures).

Si vous aimez l'opéra, vous ne manquerez pas d'assister à une œuvre de Verdi, Puccini ou Rossini lors de votre prochain voyage en Italie. Leur musique a enchanté le monde. Aller à l**a Scala de Milan** ou au théâtre **San Carlo** *(sa'n car-lo) de* Naples serait le top ! En été des représentations se déroulent dans l'**arena di Verona** *(la-ré-na di vé-ro-na)* (les arènes de Vérone) : inoubliable ! Mais, vous verrez que chaque petite ville a son ou ses théâtres, toujours très beaux et très actifs car l'opéra en Italie est comme les pâtes : indispensable !

Voici un peu de vocabulaire qui vous aidera à réserver vos spectacles :

- **la danza classica, moderna, contemporanea** *(la da'n-tsa clas-si-ca mo-der-na co'n-té'm-po-ra-néa)* (la danse classique, moderne, contemporaine)
- **la prosa** *(la pro-za)* (le théâtre) (littéralement : la prose, qui se distingue de **la lirica**)

- **la lirica** *(la li-ri-ca)* (l'opéra)
- **la prova generale pubblica** *(la pro-vé djé-né-ra-lé poub-bli-ca)* (la générale / la répétition générale)
- **la replica** *(la ré-pli-ca)* (représentation autre que la première)
- **lo spettacolo pomeridiano** *(lo spét-ta-co-lo po-mé-ri-dia-no)* (matinée, spectacle se tenant l'après-midi)
- **la matinée** *(la ma-ti-né)* (spectacle se tenant le matin, éventuellement l'après-midi)

Lorsque vous réservez des billets, par téléphone ou par Internet, on vous fait payer une commission. Vous retirez les billets une demi-heure avant le début du spectacle. Certains théâtres n'acceptent pas les réservations par téléphone, vous pouvez seulement **fare una prenotazione al botteghino** *(fa-ré ou-na pré-no-ta-tsio-né al bot-té-gui-no)* (faire une réservation à la billetterie).

Dans certaines villes, vous pouvez acheter vos billets à l'office du tourisme ou dans une banque. Vous trouverez les informations utiles au théâtre, au syndicat d'initiative ou dans les petits journaux réservés aux spectacles.

Un après-midi au musée

Les musées italiens recèlent des trésors, il n'est même pas besoin de le dire ! Entre les chefs-d'œuvre de la civilisation romaine, de la Renaissance, les maîtres de la peinture et de la sculpture : Léonard de Vinci, Michel-Ange, le Titien et tous les autres… sans parler de l'art moderne, des expositions temporaires… on peut passer ses vacances en Italie rien qu'en allant au musée. Les files d'attente sont longues : **c'è da aspettare!** *(tchè da a-spèt-ta-ré)* (littéralement : il y a à attendre) : pensez à réserver de chez vous, par Internet !

Aller au concert

Outre le pays de l'art, l'Italie est le pays de la **musica** *(mou-zi-ka)* (musique). On ne compte plus les compositeurs, de Verdi à Rossini en passant par Vivaldi. Mais évidemment, il n'y a pas que l'opéra et la musique classique, la musique et la chanson italiennes sont aussi très florissantes en ce siècle, même si elles sont assez peu connues hors des frontières. Serait-ce le barrage de la langue ?

Les églises et les cathédrales magnifiques se dénombrent par milliers en Italie et sont souvent le lieu de concerts classiques où **i musicisti** *(i mou-zi-tchi-sti)* (les musiciens) sont parfois accompagnés de chœurs. En été, ils se déroulent aussi en plein air dans des jardins d'hôtels particuliers ou de châteaux…

Mots clés

musica [f]	mou-zi-ka	musique
concerto [m]	co'n-tcher-to	concert
È tutto esaurito	è é-za-ou-ri-to	C'est complet
museo [m]	mou-zé-o	musée
insieme	i'n-siè-mé	ensemble
appuntamento [m]	ap-pou'n-ta-mé'n-to	rendez-vous

Maurizio Pollini est un pianiste italien de renommée internationale, qui donne rarement des concerts. Espérons que **i signori Tiberi** *(i si-gno-ri ti-bé-ri)* (M. et Mme Tiberi) trouveront des billets. **Buona fortuna!** *(bouo-na for-tou-na)* (Bonne chance !)

Qui sait, lors d'un voyage en Italie, vous rencontrerez peut-être un musicien ou une musicienne et vous lui demanderez :

- **Che strumento suoni?** *(ké strou-mé'n-to sou-o-ni)* (De quel instrument joues-tu ?)
- **Suono il violino.** *(souo-no il vio-li-no)* (Je joue du violon.)
- **Chi suona in famiglia?** *(ki souo-na in fa-mi-lia)* (Qui joue dans ta famille ?)
- **Suonano tutti.** *(sou-o-na-no tout-ti)* (On joue tous.)
- **Dove suonate stasera?** *(do-vé sou-o-na-té sta-sé-ra)* (Où jouez-vous ce soir ?)
- **Suoniamo al duomo**. *(souo-nia-mo al douo-mo)* (On joue à la cathédrale.)

Invitations et autres fêtes

Donner ou recevoir **un invito** *(ou-ni'n-vi-to)* (une invitation) est toujours un plaisir, que vous invitiez un ami à dîner ou que vous soyez invité à **la festa** *(la fè-sta)* (la fête) de l'année !

Une fête est une occasion de rencontrer des gens et de parler… italien ! Pour dire « faire une fête », les Italiens ont deux expressions : **dare una festa** *(da-ré ou-na fè-sta)* avec le verbe donner, ou **fare una festa** *(fa-ré ou-na fè-sta)* avec le verbe faire.

Voici la conjugaison du verbe **dare** *(da-ré)* (donner), pas seulement utile pour les fêtes ! Il est irrégulier. Vous trouverez celle du verbe **fare** au chapitre 6.

Conjugaison	***Prononciation***
io do	*i-o do*
tu dai	*tou daï*
lui / lei dà	*lou-i / lèï dà*
noi diamo	*noï dia-mo*
voi date	*voï da-té*
loro danno	*lo-ro da'n-no*

Voici quelques expressions idiomatiques pour suggérer à quelqu'un d'aller à une invitation, une fête… :

- **Mi accompagna alla cena della ditta?** *(mi ac-co'm-pa-gna al-la tché-na dèl-la dit-ta)* (Vous m'accompagnez au dîner organisé par l'entreprise ?)
- **Ti invito stasera, cosa ne dici?** *(ti i'n-vi-to sta-sé-ra co-za né di-tchi)* (Je t'invite ce soir, qu'est-ce que tu en dis ?)
- **Dai! Andiamo alla festa di Luca!** *(daï a'n-dia-mo al-la fè-sta di lou-ca)* (Allez ! On va à la fête de Luca !)
- **C'è una bella sereta all'Apollo, vi va di andarci?** *(tchè ou-na bèl-la sé-ra-ta al-la-pol-lo vi va di a'n-dar-tchi)* (Il y a une belle soirée à l'Apollo. Ça vous dit d'y aller ?)
- **Perché non andiamo a festeggiare?!** *(per-ké no'n a'n-dia-mo a fè-stéd-dja-ré)* (Pourquoi on n'irait pas fêter ça ?)

TRUC

Dimmi *(di'm-mi)* (dis-moi) et **Mi dica** *(mi di-ca)* (dites-moi) s'utilisent très souvent pour engager une personne à parler. Dans le dialogue où Eugenio téléphone à la billetterie, l'employé lui dit : **Mi dica**. C'est une manière de montrer à l'autre qu'on l'écoute. En français, suivant la situation, on l'exprimera différemment ; voyons un autre exemple de **dimmi** dans le dialogue suivant.

Voilà l'invitation que Guido envoie par e-mail à tous ses amis. C'est plus rapide que de **fare un giro di telefonate** *(fa-ré ou'n dji-ro de té-lé-fo-na-té)* (donner des tas de coup de fil) !

Invito
i'n-vi-to
Invitation

C'è una festa e tu sei invitato.
tchè ou-na fè-sta e tu sèï i'n-vi-ta-to
Tu es invité à ma fête.

Quando?
coua'n-do
Quand ?

Sabato 24 luglio.
sa-ba-to vé'n-ti-couat-tro lou-llio
Samedi 24 juillet.

A che ora?
a ké o-ra
À quelle heure ?

Verso le 9.00
ver-so lé no-vé
Vers neuf heures.

Dove?
do-vé
Où ?

A casa mia
a ca-za mi-a
Chez moi.

Perché?
per-ké
Pourquoi ?

Per festeggiare insieme!
per fè-stéd-dja-ré i'n-siè-mé
Pour fêter ça ensemble !

Ti aspetto.
ti a-spèt-to
Je compte sur toi (littéralement : je t'attends).

Guido
goui-do
Guido

TRUC

Dare fastidio *(da-ré fa-sti-dio)* (gêner) : voilà une belle expression idiomatique qui peut se traduire différemment selon la situation : **mi dà fastidio questo profumo** *(mi da fa-sti-dio coué-sto pro-fou-mo)* (ce parfum est désagréable), il me donne la nausée ; **mi dà fastidio la lana** *(mi da fa-sti-dio la la-na)* (je ne supporte pas la laine), elle me gratte ; **mi ha dato fastidio vedere questa scena** *(mi a da-to fa-sti-dio vé-dé-ré coué-sta ché-na)* (je n'ai pas aimé cette scène), elle m'a mis mal à l'aise…

Voici un autre type d'invitation, officielle celle-ci, concernant l'inauguration d'une exposition d'Elisa Catalani.

La Signoria Vostra è invitata all'inaugurazione della mostra :
la si-gno-ri-a vo-stra è i'n-vi-ta-ta al-li-naou-gou-ra-tsio-né dèl-la mo-stra
Vous êtes invité à l'inauguration de l'exposition :

« Ricordi di una vita »
ri-cor-di di ou-na vi-ta
Souvenirs d'une vie

Dipinti a olio e sculture di
di-pi'n-ti a o-lio e scoul-tou-ré
Huiles sur toile et sculptures d' (littéralement : Dessins à l'huile et…)

Elisa Catalani
Venerdì 28 marzo alle 19.30
vé-ner-di vé'n-tot-to mar-tso al-lé di-tcha'n-no-vé é trè'n-ta

Vendredi 28 mars à 19 h 30
Galleria Arte & Arte
gal-lé-ri-a ar-té é ar-té

Mots clés

suonare	souo-na-ré	jouer (d'un instrument de musique)
invito [m]	i'n-vi-to	invitation
festa [f]	fè-sta	fête
bere	bé-ré	boire
ballare	bal-la-ré	danser
perché	per-ké	pourquoi, parce que

Galleria Arte & Arte
Via Gabriele Sisti, 18
vi-a ga-bri-é-lé si-sti di-tchot-to

Piacenza
pia-tchè'n-tsa
Plaisance

L'artista sarà presente.
lar-ti-sta sa-ra pré-zè'n-té
L'artiste sera présente.

Ce chapitre est celui des balades et des loisirs de plein-air : randos, sports, détente. S'amuser, se détendre, se divertir, se promener… tout cela ne peut se faire sans… les verbes pronominaux. Souriez !

Pour sortir un peu de notre train-train quotidien, rien de tel que de découvrir de nouveaux espaces et se défouler à l'air libre pour se requinquer. Les Italiens n'ont pas seulement des **città d'arte** *(tchit-ta dar-té)* (villes d'art) magnifiques à visiter, ils ont aussi **il mare** *(il ma-ré)* (la mer), **la montagna** *(la mo'n-ta-gna)* (la montagne), **la campagna** *(la ca'm-pa-gna)* la campagne. Faire des randonnées à pied, à cheval, en vélo dans un cadre enchanteur comme les douces collines toscanes, skier dans les Dolomites ou les Abruzzes, lézarder sur une plage de sable blanc en Sardaigne ou de sable noir en Sicile : pas mal non ?

Il fine settimana *(il fi-né sèt-ti-ma-na)* (le week-end) on peut avoir envie de faire du sport comme **il calcio** *(il cal-tcho)* (foot), **tennis** (*tè'n-nis*) (tennis), ou **pallavolo** *(pal-la-vo-lo)* (volley). Les moins courageux se mettent **devant la télé** pour regarder **il pallacanestro** *(pal-la-ca-nè-stro)* (basket) !

Excursions et visites

Que ce soit en ville ou non, vous pouvez profiter de votre séjour en Italie de mille manières. Si vous souhaitez faire des **visite guidate** *(vi-zi-té goui-da-té)* (visites guidées) ou des **escursioni / gite organizzate** *(è-scour-sio-ni / dji-té or-ga-nid-dza-té)* (excursions organisées) d'un ou plusieurs jours, il vous suffit de vous renseigner dans une agence de voyages. Voici un peu de vocabulaire qui vous y aidera :

- **Ci sono escursioni organizzate?** *(tchi so-no è-scour-sio-ni or-ga-nid-dza-té)* (Vous organisez des excursions ?)
- **Che cosa c'è da vedere?** *(ké co-za tchè da vé-dé-ré)* (Qu'est-ce qu'il y a à voir ?)
- **Quanto costa la gita?** *(coua'n-to co-sta la dji-ta)* (Combien coûte l'excursion ?)
- **La guida parla francese?** *(la goui-da par-la fra'n-tché-zé)* (Le/la guide parle français ?)
- **Lei ha un depliant?** *(lèï a ou'n dé-plia'n)* (Vous avez un dépliant ?)

Pour dire « il y a » en italien, il existe une forme singulier **C'è una gita** *(tchè ou-na dji-ta)* (il y a une excursion) et une forme pluriel **Ci sono delle gite** *(tchi so-no dèl-lé dji-té)* (il y a des excursions) : **gita** ou **gite** étant le sujet du verbe.

Voilà quelques phrases qui reflètent peut-être vos goûts :

- **Mi piace camminare nel verde.** *(mi pia-tché ca'm-mi-na-ré nel ver-dé)* (J'aime marcher dans la nature.)
- **Andiamo a fare un picnic sul prato?** *(a'n-dia-mo a fa-ré ou'n pic-nic soul pra-to)* (On va faire un pique-nique sur l'herbe ?)
- **Ti piace il osservare gli uccelli?** *(ti pia-tché il os-ser-va-ré lli out-tchèl-li)* (Tu aimes observer les oiseaux ?)
- **Faccio jogging nel parco.** *(fat-tcho djo-gui'n nel par-co)* (Je fais du jogging dans le parc.)

Deux petites remarques importantes : suivi d'un verbe **andare,** se construit avec la préposition **a** (**Andiamo a fare un picnic**). **Il osservare gli uccelli** : le verbe précédé d'un article est utilisé comme nom.

Vous aimez aller en montagne pour être proche de la nature ? Même si **si gode la natura** *(si go-dé la na-tou-ra)* (vous profitez de la nature) seul, vous aurez peut-être envie de raconter aux autres ce que vous avez vu !

- **albero** [m] *(al-bé-ro)* (arbre)
- **bosco** [m] *(bo-sco)* (bois)
- **fiore** [m] *(fio-ré)* (fleur)
- **pianta** [f] *(pia'n-ta)* (plante)
- **pino** [m] *(pi-no)* (pin)
- **prato** [m] *(pra-to)* (pré, pelouse)
- **quercia** [f] *(couer-tcha)* (chêne)

Mots clés

campagna [f]	ca'm-pa-gna	campagne
mare [m]	ma-ré	mer
montagna [f]	mo'n-ta-gna	montagne
escursione [f]	è-scour-sio-né	excursion, randonnée
gita [f]	dji-ta	excursion, randonnée
guida [f]	goui-da	le/la guide (personne, livre)
lago [m]	la-go	lac
mamma mia [f]	ma'm-ma mi-a	Aïe, aïe, aïe ! ; Mon Dieu !

TRUC

Che schifo! exprime le dégoût. Selon le contexte, on peut le traduire par : ça me dégoute, c'est dégoutant.

Ma va! est une espression synonyme de **Ma dai!**

Les verbes pronominaux

Nous avons déjà rencontré plusieurs verbes pronominaux : **divertirsi** *(di-ver-tir-si)* (s'amuser, se divertir), **annoiarsi** *(a'n-no-iar-si)* (s'ennuyer), **godersi** *(go-der-si)* (profiter, jouir). Les verbes pronominaux en italien ne le sont pas forcément en français et vice versa, comme ce troisième exemple en témoigne.

Mots clés

cane [m]	ca-né	chien
cavallo [m]	ca-val-lo	cheval
gatto [m]	gat-to	chat
maiale [m]	ma-ia-lé	cochon
mucca [f]	mouc-ca	vache
uccello [m]	out-tchèl-lo	oiseau
et…		
lupo [m]	lou-po	loup
pecora [f]	pé-co-ra	mouton

Comme vous le constatez, lorsque le verbe est à l'infinitif, le pronom ***-si*** *(si)*, se place derrière et est soudé au verbe. Quand il est conjugué, le pronom se place devant, comme en français. Voyons ces différents pronoms dans la conjugaison du verbe **divertirsi** *(di-ver-tir-si)* (s'amuser, se divertir).

Conjugaison	***Prononciation***
mi diverto	*mi di-ver-to*
ti diverti	*ti di-ver-ti*
si diverte	*si di-ver-té*
ci divertiamo	*tchi di-ver-tia-mo*
vi divertite	*vi di-ver-ti-té*
si divertono	*si di-ver-to-no*

Voici quelques verbes pronominaux en contexte :

- **Mi diverto molto.** *(mi di-ver-to mol-to)* (Je m'amuse beaucoup.)
- **Vi annoiate in campagna?** *(vi a'n-no-ia-té i'n ca'm-pa-gna)* (Vous vous ennuyez à la campagne ?)

- **A che ora ti svegli?** *(a ké o-ra ti své-lli)* (À quelle heure tu te réveilles ?)
- **Si immaginano una bella gita.** *(si i'm-ma-dji-na-no ou-na bèl-la dji-ta)* (Ils s'attendent à une belle excursion.)

Faites du sport et parlez-en !

Le sport est un sujet de conversation fort répandu, surtout parmi ceux qui ne le vivent que devant leur télé ! Connaître quelques mots dans ce domaine vous sera sans nul doute utile.

Selon le sport, on utilise différents verbes **fare** *(fa-ré)* (faire), **praticare** *(pra-ti-ca-ré)* (pratiquer), **giocare** *(djo-ca-ré)* (jouer) ou **andare** *(a'n-da-ré)* (aller). Dans le tableau suivant, vous trouverez une liste de noms de sports précédés du verbe avec lequel ils s'emploient.

Tableau 7-2 : Sports

Italien	*Prononciation*	*Traduction*
Fare	*fa-ré*	faire
praticare + article	*pra-ti-ca-ré*	pratiquer
atletica	*at-lè-ti-ca*	athlétisme
ciclismo	*tchi-cli-smo*	cyclisme
equitazione	*é-coui-ta-tsio-né*	équitation
jogging	*djo-gui'n*	jogging
nuoto	*nouo-to*	natation
scherma	*skér-ma*	escrime
sci nautico	*chi na-ou-ti-co*	ski nautique
giocare a	*djo-ca-ré a*	jouer au
calcio	*cal-tcho*	football
pallacanestro	*pal-la-ca-nè-stro*	basket
pallavolo	*pal-la-vo-lo*	volley
tennis	*tè'n-nis*	tennis

Tableau 7-2 (suite)

Italien	*Prononciation*	*Traduction*
andare	*a'n-da-ré*	aller
a cavallo	*a ca-val-lo*	à cheval
in palestra	*pa-lè-stra*	dans une salle de sport
in bicicletta	*i'n bi-tchi-clét-ta*	à bicyclette, à vélo

Remarquez l'absence d'article après **fare** et **giocare** : **fare nuoto**, **giocare a calcio**. Par contre, **praticare** est suivi de l'article : **praticare uno sport ; praticare il nuoto**.

Bien sûr, cette liste n'est pas exhaustive et vous pratiquez peut-être bien d'autres sports : **camminare** *(ca'm-mi-na-ré)* (marcher, faire de la marche), **fare vela** *(fa-ré vé-la)* (faire de la voile), **giocare a golf** *(djo-ca-ré a golf)* **(jouer au golf)**. Il y a aussi tous les sports de glisse, l'Italie est très montagneuse et les Italiens vont **fare la settimana bianca** *(fa-ré la sèt-ti-ma-na bia'n-ca)* (littéralement : faire la semaine blanche, c'est-à-dire faire une semaine de ski) pour **sciare** *(chia-ré)* (skier), **pattinare** *(pat-ti-na-ré)* (patiner), **fare lo snowboard** *(fa-ré lo sno-bord)* (faire du snowboard), **andare in slitta** *(a'n-da-ré i'n zlit-ta)* (faire de la luge) ou **andare in bob** *(a'n-da-ré i'n bob)* (faire du bob).

Vous trouverez la conjugaison, suivie de la prononciation, du verbe **fare** au chapitre 6 et du verbe **andare** au chapitre 2 dans la partie « *Les verbes irréguliers* ».

Voici la conjugaison du verbe **giocare.** Le verbe **praticare** se conjugue de la même manière.

Conjugaison	*Prononciation*
io gioco	*i-o djo-co*
tu giochi	*tou djo-ki*
lui / lei gioca	*lou-i / lèï djo-ca*
noi giochiamo	*noï djo-kia-mo*
voi giocate	*voï djo-ca-té*
loro giocano	*lo-ro djo-ca-no*

N'OUBLIEZ PAS !

Remarquez l'introduction du ***-h*** devant le ***-i*** dans **giochi** et **giochiamo**, nécessaire pour faire le son **(k)** (pour une petite révision, reportez-vous au chapitre 1).

Beaucoup de gens sont des sportifs sur canapé, les yeux rivés sur la télé, ils regardent **la Formula 1** *(la for-mou-la ou-no)* (la Formule 1), dans une moindre mesure, **il pugilato** *(il pou-dji-la-to)* (la boxe) et plus que tout : **il calcio** *(il cal-tcho)* (le foot), la vraie grande passion des Italiens, qui attire des milliers de spectateurs dans les stades tous les dimanches.

Si vous allez en Italie, lors de la promenade dominicale, ne soyez pas étonné de voir des hommes avec leur petit poste de radio collé à l'oreille. Ils n'écoutent pas un opéra de Verdi mais **il calcio** *(il cal-tcho)* (le foot), sport national s'il en est !

Beaucoup de **ragazzi** *(ra-gat-tsi)* (adolescents, jeunes) jouent au foot, tandis que les hommes jouent plutôt au **calcetto** *(cal-chét-to)*, qui est le diminutif de **calcio**, encore appelé **calcio a cinque** *(cal-tcho a tchi'n-coué)* (foot à cinq). Les règles sont les mêmes qu'au foot, mais les équipes sont composées de cinq joueurs. Il se pratique en salle de sport.

Il ciclismo *(il tchi-cli-smo)* (cyclisme) est aussi un sport qui déplace les foules, il faut dire que le pays a des cyclistes célèbres et une longue histoire en la matière : le **Giro d'Italia** *(dji-ro di-ta-lia)* (le Tour d'Italie) est pour les Italiens un événement sportif aussi important que le Tour de France pour les Français. Les « sportifs du dimanche » sont sûrement plus nombreux que les vrais sportifs. Cela étant, **la palestra** *(pa-lè-stra)* (salle de sport) connaît un engouement certain, davantage pour des raisons qui tiennent à l'esthétisme du corps qu'à la forme physique d'ailleurs !

Chapitre 8

Au téléphone

Dans ce chapitre :

- Les bons réflexes pour téléphoner
- Faire des réservations et prendre des rendez-vous par téléphone
- Laisser un message
- Parler au passé

Parler une langue étrangère au téléphone est plus difficile que de la parler de vive voix car votre interlocuteur ne voit pas l'expression de votre visage et vous non plus ! Et puis, il y a des formulations toutes faites qu'il faut connaître, à commencer par… **Pronto!**

Répondre au téléphone

Pronto! *(pro'n-to)* (Allô !) est la première chose que vous entendez quand vous téléphonez à un Italien et la première chose que vous dites quand vous décrochez.

Pronto a d'autres acceptions. Dans les phrases suivantes, il signifie « prêt » :

- **Martino, sei pronto?** *(mar-ti-no sèï pro'n-to)* (Martino, tu es prêt ?)
- **La cena è pronta.** *(la tché-na è pro'n-ta)* (Le dîner est prêt.)

Dans l'expression **pronto soccorso** *(pro'n-to soc-cor-so)* (urgences), littéralement secours rapides, ou dans **effeto pronto** *(éf-fè-to pro'n-to)* (effet immédiat), il indique une idée de rapidité. C'est un adjectif, il s'accorde donc avec le nom qu'il accompagne. On dira donc **pronti** *(pro'n-ti)* au masculin pluriel, **pronta** *(pro'n-ta)* au féminin singulier *et* **pronte** *(pro'n-té)* au féminin pluriel.

Les Italiens sont des fanas des portables. Difficile de trouver un Italien qui n'en ait pas un. Partout, vous entendrez sonner **i telefonini** *(i té-lé-fo-ni-ni)* (les portables) au point qu'au théâtre, l'on fait une annonce pour demander aux spectateurs de spegnere il **cellulare** *(spé-gné-ré il tchél-lou-la-ré)* (éteindre leur portable), terme officiel moins usité que l'affectueux **telefonino**, qui signifie littéralement « petit téléphone ».

Parler d'un téléphone public

Si vous n'avez pas de portable, vous pourrez téléphoner d'une **cabina telefonica** *(ca-bi-na té-lé-fo-ni-ca)* (une cabine téléphonique) **a monete** *(a mo-né-té)* (à pièces) ou **a scheda** *(skè-da)* (à carte). Si vous ne voulez pas payer une fortune, évitez les cabines des aéroports où l'on paie avec sa carte de crédit ! En ville, il existe des centres téléphoniques où sont réunies plusieurs cabines. Certains ont fleuri pour répondre à la demande des immigrés et cassent les tarifs. Profitez-en, surtout si vous téléphonez hors d'Europe.

Vous pouvez aussi téléphoner de certains cafés, une enseigne ou un macaron sur la vitrine indique qu'ils offrent ce service.

Où trouver **una scheda telefonica per una cabina publica** *(ou-na skè-da té-lé-fo-ni-ca per ou'n ca-bi-na poub-bli-ca)* (une carte téléphonique pour une cabine publique) ? **Dal tabaccaio** *(dal ta-bac-ca-io)* (au tabac) ou **all'edicola** *(al-lé-di-co-la)* (au kiosque à journaux).

Il existe des **schede prepagate** *(skè-dé pré-pa-ga-té)* (des cartes prépayées) qui vous permettent de téléphoner de n'importe quel téléphone et d'économiser sur **vostre telefonate** *(vo-stré té-lé-fo-na-té)* (vos coups de fil) à l'étranger. Vous les trouverez au tabac ou dans les centres téléphoniques fréquentés par les étrangers.

Voilà quelques expressions et phrases qui pourront vous être utiles :

- **C' è un telefono a monete?** *(tché ou'n té-lé-fo-no a mo-né-té)* (Il y a un téléphone à pièces ?)
- **Avete delle schede telefoniche?** *(a-vé-té dèl-lé skè-dé té-lé-fo-ni-ké)* (Vous avez des cartes téléphoniques ?)
- **Il telefono dà libero.** *(il té-lé-fo-no da li-bé-ro)* (Ça sonne.) Vous avez fait un numéro et attendez que votre interlocuteur décroche.
- **Il telefono squilla.** *(il té-lé-fo-no scouil-la)* (Le téléphone sonne.) Vous êtes chez vous et entendez le téléphone sonner.
- **Il telefono dà occupato.** *(il té-lé-fo-no da oc-cou-pa-to)* (Le téléphone est occupé.)
- **Rispondi!** *(ri-spo'n-di)* (Réponds !)
- **Alza la cornetta** *(al-tsa la cor-nèt-ta)* (Décroche !) (littéralement : soulève le combiné !)
- **Riattacca!** *(riat-tac-ca)* (Raccroche !)

Si vous cherchez **un numero di telefono** *(ou'n nou-mé-ro di té-lé-fo-no)* (un numéro de téléphone), consultez :

- **l'elenco telefonico** *(lé-lè'n-co té-lé-fo-ni-co)* (le bottin). Comme en France, il y a **le pagine bianche (lé** *pa-dji-né bia'n-ké) (les pages blanches) et* **gialle** *(djal-lé)* (jaunes), que l'on peut aussi consulter sur **Internet** *(i'n-ter-net)* (Internet).
- Vous pouvez aussi téléphoner au **servizio elenco abbonati** *(il ser-vi-tsio é-lé'n-co ab-bo-na-ti)* (renseignements) mais c'est nettement plus cher !

Donner un coup de fil

Il y a mille raisons dans la vie pour **fare una telefonata** *(fa-ré ou-na té-lé-fo-na-ta)* (donner un coup de téléphone) : **per chiacchierare con gli amici** *(per kiak-kié-*

ra-ré co'n lli a-mi-tchi) (pour bavarder avec des amis), **con la famiglia** *(co'n la fa-mi-llia)* (avec sa famille) ; **per il lavoro** *(per il la-vo-ro)* (pour le travail), **per fissare un appuntamento** *(per fis-sa-ré ou'n ap-pou'n-ta-mé'n-to)* (pour prendre un rendez-vous)…

Mots clés

pronto	pro'n-to	allô
cellulare ; telefonino [m]	tchél-lou-la-ré ; té-lé-fo-ni-no	portable
cabina telefonica [f]	ca-bi-na té-lé-fo-ni-ca	cabine téléphonique
telefono [m] a monete [f]	té-lé-fo-no a mo-né-té	téléphone à pièces
scheda[f]	skè-da	carte téléphonique
(ri)chiamare	(ri-)kia-ma-ré	(r)appeler

Lorsque vous êtes occupé ou **sta per uscire** *(sta per ou-chi-ré)* (êtes sur le point de sortir) et que vous ne pouvez pas vous lancer dans une conversation, vous pouvez dire :

> **Scusami, ti posso richiamare più tardi?** *(scou-za-mi ti pos-so ri-kia-ma-ré piou tar-di)* (Excuse-moi, je peux te rappeler plus tard ?)
>
> **Mi scusi signore La posso richiamare fra mezz'ora?** *(mi scou-zi si-gno-ré la pos-so ri-kia-ma-ré fra méd-dzo-ra)* (Excusez-moi, monsieur, puis-je vous rappeler dans une demi-heure ?)

Prendre rendez-vous au téléphone

Réserver une table au restaurant ou des billets pour un concert, prendre rendez-vous sont des démarches que l'on fait généralement par téléphone. Nous avons déjà largement abordé les deux premiers sujets dans les chapitres 5 et 7, voyons un peu comment prendre rendez-vous.

Appels et messages

Voici quelques mots et expressions utiles pour demander si l'on vous a appelé ou laissé un message.

- **Ha chiamato qualcuno per me?** *(a kia-ma-to coual-cou-no per mé)* (Quelqu'un a appelé pour moi ?)
- **Mi ha chiamato qualcuno?** *(mi a kia-ma-to coual-cou-no)* (Quelqu'un m'a appelé?)
- **Mi ha cercato nessuno?** *(mi a tcher-ca-to nés-sou-no)* (Personne ne m'a appelé ? / Quelqu'un m'a appelé ?) (littéralement : ... cherché)
- **Chi ha telefonato?** *(ki a té-lé-fo-na-to)* (Qui a appelé ?)
- **Chiamate per me?** *(kia-ma-té per mé)* (Des appels pour moi ?)

TRUC

À propos de **qualcuno** *(coual-cou-no)* (quelqu'un) **et nessuno** *(nés-sou-no)* (personne), notez les deux expressions : **C'è qualcuno?** *(tchè coual-cou-no)* **et C'è nessuno?** *(tchè nés-sou-no)* (Il y a quelqu'un ?).

Pour la formation du passé, rendez-vous un peu plus loin. Voici déjà la conjugaison du verbe **chiamare** *(kia-ma-ré)* (appeler) au présent.

Conjugaison	***Prononciation***
io chiamo	*i-o kia-mo*
tu chiami	*tou kia-mi*
lui / lei chiama	*lou-i / lèï kia-ma*
noi chiamiamo	*noï kia-mia-mo*
voi chiamate	*voï kia-ma-té*
loro chiamano	*lo-ro kia-ma-no*

Épeler en italien

Lorsque l'on épelle son nom, par exemple, on utilise des noms de ville et non des prénoms comme en France. Vous ne direz pas « b comme Brigitte » mais **Bologna** et moins fréquemment **bi di Bologna** *(bi di bo-lo-nia)* ou **bi come Bologna** *(bi co-mé bo-lo-nia)* (b comme Bologne).

- A *(a)* = **Ancona** *(a'n-co-na)* (Ancône)
- B *(bi)* = **Bologna** *(bo-lo-nia)* (Bologne)
- C *(tchi)* = **Catania** *(ca-ta-nia)* (Catane)
- D *(di)* = **Domodossola** *(do-mo-dos-so-la)* (Domodossola)
- E *(é)* = **Empoli** *(é'm-po-li)* (Empoli)
- F *(èf-fé)* = **Firenze** *(fi-ré'n-tsé)* (Florence)
- G *(dji)* = **Genova** *(djé-no-va)* (Gênes)
- H *(ac-ca)* = **hotel** *(ho-tel)* (hôtel)
- I *(i)* = **Imola** *(i-mo-la)* (Imola)
- J *(i lou'n-ga)* ou *(djèï)* = **Jersey** *(djer-si)* (Jersey)
- K *(cap-pa)* = **Kursaal** *(cour-sal)* (Kursaal)
- L *(èl-lé)* = **Lucca** *(louc-ca)* (Lucques)
- M *(è'm-mé)* = **Milano** *(mi-la-no)* (Milan)
- N *(è'n-né)* = **Napoli** *(na-po-li)* (Naples)
- O *(o)* = **Otranto** *(o-tra'n-to)* (Otrante)
- P *(pi)* = **Palermo** *(pa-ler-mo)* (Palerme)
- Q *(cou)* = **Quarto** *(couar-to)* (Quarto)
- R *(èr-ré)* = **Roma** *(ro-ma)* (Rome)
- S *(ès-sé)* = **Salerno** *(sa-ler-no)* (Salerne)
- T *(ti)* = **Torino** *(to-ri-no)* (Turin)
- U *(ou)* = **Udine** *(ou-di-né)* (Udine)
- V *(vou)* = **Venezia** *(vé-né-tsia)* (Venise)
- W *(dop-pia vou)* = **Washington** *(wo-chi'n-to'n)* (Washington)
- X *(ics)* = **Xeres** *(ksé-rès)* (xérès)
- Y *(ip-si-lo'n)* ou *(i gré-ca)* = **yacht** *(yot)* (yacht)
- Z *(dzé-ta)* = **Zara** *(dza-ra)* *(Zadar)*

N'OUBLIEZ PAS ! Nous avons déjà vu l'usage de **dimmi**. En français, on pourrait dire aussi « vas-y », « qu'est-ce que je lui dis ? » ou rien ! Dans le dialogue suivant, notez la forme de politesse : **dica** (la forme complète est **mi dica**).

N'OUBLIEZ PAS ! M. Marchi n'est pas médecin, on l'appelle **Dottore** parce qu'il est **laureato** *(laou-ré-a-to)*, diplômé de l'enseignement supérieur.

Pour épeler Maud, vous direz donc : **Milano**, **Ancona**, **Udine**, **Domodossola**.

On vous demandera souvent de le faire surtout au téléphone car les Italiens ont du mal à comprendre les noms français, ne leur demandons pas de les orthographier correctement : pour eux e, au, on… n'existent pas !

On vous posera les questions :

- **Come si scrive?** *(co-mé-si scri-vé)* (Comment ça s'écrit ?)
- **Può fare lo spelling?** *(pouo fa-ré lo spèl-li'n)* (Vous pouvez épeler ?)

et vous aussi, vous devrez certainement les poser, surtout au début !

Qu'avez-vous fait le week-end dernier ?

Pour raconter des actions au passé, on utilise le **passato prossimo** *(pas-sa-to pros-si-mo) qui* est l'équivalent du passé composé et s'emploie quasi toujours dans les mêmes cas. Comme en français, il se construit avec l'auxiliaire **avere** *(a-vé-ré)* (avoir) ou **essere** *(ès-sé-ré)* (être) suivi du participe passé (se reporter au chapitre 2.

Mots clés

chiacchierare	kiak-kié-ra-ré	bavarder
dimmi ; mi dica	di'm-mi ; mi di-ca	je t'écoute, je vous écoute ; c'est pour quoi
chi parla ; con chi parlo	ki par-la ; c'on ki par-lo	qui est à l'appareil
chiamata [f] ; telefonota [f]	kia-ma-ma-ta ; té-lé-fo-na-ta	appel, coup de fil
messaggio	més-sad-djo	message
servizio elenco abbonati [m]	ser-vi-tsio é-lé'n-co ab-bo-na-ti	renseignements téléphoniques

Voyons deux exemples en contexte :

- **Ho ascoltato un CD.** *(o a-scol-ta-to ou'n tchi-di)* (J'ai écouté un CD.)
- **Ho parlato con lui.** *(o par-la-to co'n lou-i)* (Je lui ai parlé.)

Ascoltato *(a-scol-ta-to)* (écouté) est le participe passé du verbe **ascoltare** *(a-scol-ta-ré)* (écouter), et **parlato** *(par-la-to)* (parlé) de **parlare** *(par-la-ré)* (parler). Pas difficile de deviner la formation d'un participe passé régulier d'un verbe se terminant par ***-are*** : il suffit de remplacer la terminaison par ***-ato*** !

Les verbes en ***-ere*** font leur participe passé en ***-uto*** : **credere** *(cré-dé-ré)* (croire), **creduto** *(cré-dou-to)* (cru) ; **vendere** *(vé'n-dé-ré)* (vendre), **venduto** *(vé'n-dou-to)* (vendu).

Les verbes en ***-ire*** font leur participe passé en ***-ito*** : **finire** *(fi-ni-ré)* (finir), **finito** *(fi-ni-to)* ; **capire** *(ca-pi-ré)* *(comprendre)* **capito** *(ca-pi-to)* (compris).

Pour les verbes irréguliers, la chose se complique ! Dans le tableau suivant, qui présente le participe passé de verbes se conjuguant avec l'auxiliaire **avere** *(a-vé-ré)* (avoir), vous trouverez quelques verbes irréguliers.

Tableau 8-1 : Participe passé de verbes utilisant avere (avoir)

Infinitif	*Participe passé*
avere *(a-vé-ré)* (avoir)	**avuto** *(a-vou-to)* (eu)
ballare *(bal-la-ré)* (danser)	**ballato** *(bal-la-to)* (dansé)
comprare *(co'm-pra-ré)* (acheter)	**comprato** *(co'm-pra-to)* (acheté)
conoscere *(co-no-ché-ré)* (connaître)	**conosciuto** *(co-no-chou-to)* (connu)
dire *(di-ré)* (dire)	**detto** *(dét-to)* (dit)
fare *(fa-ré)* (faire)	**fatto** *(fat-to)* (fait)
incontrare *(i'n-co'n-tra-ré)* (rencontrer)	**incontrato** *(i'n-co'n-tra-to)* (rencontré)
leggere *(lèd-djé-ré)* (lire)	**letto** *(lèt-to)* (lu)
pensare *(pé'n-sa-ré)* (penser)	**pensato** *(pé'n-sa-to)* (pensé)
scrivere *(scri-vé-ré)* (écrire)	**scritto** *(scrit-to)* (écrit)
telefonare *(té-lé-fo-na-ré)* (téléphoner)	**telefonato** *(té-lé-fo-na-to)* (téléphoné)
vedere (*vé-dé-ré)* (voir)	**visto** *(vi-sto)* (vu)

Quoi de plus motivant pour parler au passé que de demander à un ami ce qu'il a fait le week-end dernier ?

Comme en français, la plupart des verbes de mouvement se contruisent avec l'auxiliaire **essere** *(ès-sé-ré)* (être).

Voici deux phrases au **passato prossimo** avec l'auxiliaire **essere** :

Anna è andata al mare. *(a'n-na è a'n-da-ta al ma-ré)* (Anna est allée à la mer.)

Carlo è appena uscito. *(car-lo è ap-pé-na ou-chi-to)* (Carlo est tout juste sorti.)

Remarquez que le participe passé s'accorde ici avec le sujet. Ce n'est pas très dépaysant pour un francophone ! Dans l'exemple **Anna è andata,** la terminaison prend donc la marque du féminin : ***-a***.

Pour mémoire, le masculin pluriel se termine par ***-i*** et le féminin pluriel par ***-e.***

Dans le tableau suivant, voici quelques participes passés de verbes de mouvement se construisant avec l'auxiliaire **essere** *(ès-sé-ré)* (être).

Tableau 8-2 : Participe passé de verbes utilisant essere (être)

Infinitif	*Participe passé*
andare *(a'n-da-ré)* (aller)	**andato/-a/-i/-e** *(a'n-da-to/-a/-i/-é)* (allé/e/s)
arrivare *(ar-ri-va-ré)* (arriver)	**arrivato/-a/-i/-e** *(ar-ri-va-to/-a/-i/-é)* (arrivé/e/s)
entrare *(é'n-tra-ré)* (entrer)	**entrato/-a/-i/-e** *(é'n-tra-to/-a/-i/-é)* (entré/e/s)
partire *(par-ti-ré)* (partir)	**partito/-a/-i/-e** *(par-ti-to/-a/-i/-é)* (parti/e/s)
tornare *(tor-na-ré)* (revenir)	**tornato/-a/-i/-e** *(tor-na-to/-a/-i/-é)* (revenu/e/s)

Attention, les équivalents du verbe être, **essere** *(ès-sé-ré)* et **stare** *(sta-ré)* (reportez-vous au chapitre 4 : « *Les verbes **essere** et **stare*** ») se construisent aussi avec **essere** au **passato prossimo.** En outre, ils ont le même participe passé : **stato**. On dira : **Sono stata male tutta la notte** *(so-no sta-ta ma-lé tout-ta la not-té)* (J'ai été mal toute la nuit) ; **È stato sorpreso a rubare** *(è sta-to sor-pré-zo a rou-ba-ré)* (Il a été surpris en train de voler).

Infinitif	*Participe passé*
essere *(ès-sé-ré)*	**stato/-a/-i/-e** *(sta-to/-a/-i/-é)* (été)
stare *(sta-ré)*	**stato/-a/-i/-e** *(sta-to/-a/-i/-é)* (été)

TRUC

Pour dire, nous sommes allés à Rome, on a deux possibilités en italien : **Siamo andati a Roma** *(sia-mo a'n-da-ti a ro-ma)* et (nous sommes rentrés le soir même) ; **Siamo stati a Roma** *(sia-mo sta-ti a ro-ma)* pendant une semaine. La différence d'usage dépend du temps qu'on y a passé.

Mots clés

fine settimana [m]	fi-né sèt-ti-ma-na	week-end
da solo/a	da so-lo/a	seul(e)
per caso	per ca-zo	par hasard
tutto	tout-to	tout
proprio	pro-prio	vraiment, justement

Chapitre 9

À l'hôtel

Dans ce chapitre :

- Réserver une chambre
- Formalités d'arrivée à l'hôtel
- Quitter l'hôtel

Rien de tel que d'aller en Italie pour pratiquer la langue et connaître les Italiens. Si vous n'avez pas la chance d'avoir des amis italiens qui vous hébergent, vous devrez trouver à vous loger. Dans les hôtels, les employés de la réception parlent français, me direz-vous ? C'est vrai dans les grands hôtels et les endroits très touristiques mais si vous préférez un petit hôtel dans un coin tranquille, vous devrez vous débrouiller en italien ! Ce chapitre vous y aidera.

Réserver une chambre

À **l'albergo** *(lal-ber-go)* (l'hôtel), vous aurez le choix entre **la camera singola** *(la ca-mé-ra si'n-go-la)* (la chambre simple) ; **la camera doppia** *(la ca-mé-ra dop-pia)* (la chambre double) qui peut-être **una camera matrimoniale** *(ou-na ca-mé-ra ma-tri-mo-nia-lé)* (chambre double avec un lit à deux places) ou **una camera a due letti** *(ou-na ca-mé-ra a dou-é lèt-ti)* (chambre double avec des lits jumeaux). Si vous souhaitez un grand lit (et en Italie, ils sont très grands !) et que l'on vous propose **una camera doppia**, précisez **con un letto matrimoniale** *(co'n ou'n lèt-to ma-tri-mo-nia-lé)* (avec un lit à deux places).

Beaucoup d'hôtels vous proposerons **la mezza pensione** *(la méd-dza pé'n-sio-né)* (demi-pension) ou **la pensione completa** *(la pé'n-sio-né co'm-plé-ta)* (la pension complète). Assurez-vous que **la colazione** *(la co-la-tsio-né)* (le petit déjeuner) est **compresa** *(co'm-pré-za)* (compris) dans le prix de la chambre. Pour le vocabulaire concernant la restauration, rendez-vous au chapitre 5.

TRUC

Il est courant de dire **una doppia, una matrimoniale,** ou **una singola** sans utiliser le terme **camera.**

Inutile de vous dire qu'il vaut mieux réserver à l'avance surtout pour la **alta stagione** *(al-ta sta-djo-né)* (haute saison) : de juin à septembre inclus ; pour Pâques ; et pour la semaine entre Noël et le jour de l'an. Dans des villes comme Rome, Florence ou Venise… il y a des touristes toute l'année, méfiez-vous ! Ce sera un miracle si vous trouvez une chambre sans avoir réservé !

Voilà un peu de vocabulaire en contexte qui vous permettra de réserver une chambre qui corresponde à vos exigences :

- **È una camera con bagno?** *(è ou-na ca-mé-ra c'on ba-gno)* (C'est une chambre avec salle de bains ?)
- **È un bagno con la doccia o con la vasca?** *(è ou'n ba-gno co'n la dot-tcha o co'n la va-sca)* (C'est une salle de bains avec une douche ou une baignoire ?)
- **Non avete camere con la vasca?** *(no'n a-vé-té ca-mé-ré co'n la va-sca)* (Vous n'avez pas de chambres avec baignoire ?)
- **C'è il frigorifero nella camera?** *(tchè il fri-go-ri-fé-ro nél-la ca-mé-ra)* (Y a-t-il un réfrigérateur dans la chambre ?)
- **Avete una doppia al primo piano?** *(a-vé-té ou-na dop-pia al pri-mo pia-no)* (Vous auriez une chambre double au premier étage ?)

- **È una camera tranquillissima : dà sul giardino.** *(è ou-na ca-mé-ra tra'n-coui-lis-si-ma da soul djar-di-no)* (C'est une chambre très calme : elle donne sur le jardin / elle est côté jardin.)
- **La matrimoniale costa centocinque a notte.** *(la ma-tri-mo-nia-lé cos-ta tchè'n-to-tchi'n-coué a not-té)* (La chambre double avec un lit à deux places coûte cent cinq euros la nuit.)
- **La colazione è compresa?** *(la co-la-tsio-né è co'm-pré-za)* (Le petit déjeuner est-il compris ?)
- **Vorrei una camera con aria condizionata e televisione.** *(vor-rèï ou-na ca-mé-ra co'n a-ria co'n-di-tsio-na-ta é té-lé-vi-zio-né)* (Je voudrais une chambre climatisée avec télévision.)

Mots clés

receptionist [m/f]	ré-sèp-chio-nist	le / la réceptionniste
camera [f]	ca-mé-ra	chambre
camera singola [f]	ca-mé-ra si'n-go-la	chambre simple
camera doppia [f]	ca-mé-ra dop-pia	chambre double
camera matrimoniale [f]	ca-mé-ra ma-tri-mo-nia-lé	chambre double avec lit à 2 places
camera [f] a due letti [m p]	ca-mé-ra a dou-é lèt-ti	chambre double avec lits jumeaux
aria condizionata [f]	a-ria co'n-di-tsio-na-ta	air conditionné, climatisation
letto supplementare [m]	lèt-to soup-plé-mé'n-ta-ré	lit supplémentaire

L'arrivée à l'hôtel

À **la reception** *(il ré-sèp-cho'n) (la réception), il* vous faudra remplir **una scheda** *(ou-na skè-da)* (une fiche) :

cognome *(co-gno-mé)* (nom), **nome** *(no-mé)* (prénom), **numero di documento** *(nou-mé-ro di do-cou-mé'n-to)* (numéro de pièce d'identité)… Rien que des choses que vous aurez vues dans cette méthode. Pas de problèmes donc !

Vous voudrez peut-être louer **una cassaforte** *(ou-na cas-sa-for-té)* (un coffre), aurez besoin d'un autre service ou constaterez qu'il manque des choses dans la chambre…

- **Non c'è l'asciugacapelli?** *(n'on tchè la-chou-ga-ca-pél-li)* (Il n'y a pas de sèche-cheveux ?)
- **Mancano un asciugamano e la carta igienica.** *(ma'n-ca-no ou-na-chou-ga-ma-no e la car-ta i-djè-ni-ca)* (Il manque une serviette de toilette et le papier toilette.)
- **Ci serve un'altro salviettone** *(tchi ser-vé ou-nal-tro sal-viét-to-né)* (Il nous faudrait un autre drap de bain.)
- **Potrei avere un'altra saponetta?** *(po-trèï a-vé-ré ou-nal-tra sa-po-nét-ta)* (Pourrais-je avoir une autre savonnette ?)
- **Non trovo lo shampoo.** *(no'n tro-vo lo cha'm-pou)* (Je ne trouve pas le shampooing.)
- **Vorrei un'altro cuscino e una coperta, per favore.** *(vor-rèï ou-nal-tro cou-chi-no e ou-na co-per-ta per fa-vo-ré)* (Je voudrais un autre oreiller et une couverture, s'il vous plaît.)
- **È ancora aperto il bar?** *(è a'n-co-ra a-per-to il bar)* (Le bar est-il encore ouvert ?)
- **Vorrei la sveglia domattina.** *(vor-rèï la své-llia do-mat-ti-na)* (Pourriez-vous me réveiller demain matin ?)
- **C'è il telefono nella mia camera?** *(tchè il té-lé-fo-no nél-la mi-a ca-mé-ra)* (Y a-t-il le téléphone dans ma chambre ?)
- **C'è un messaggio per me?** *(tchè ou'n més-sad-djo per mé)* (Y a-t-il un message pour moi ?)

- **Sto cercando l'ascensore.** *(sto tcher-ca'n-do la-chè'n-so-ré)* (Je cherche l'ascenseur.)
- **Ha un portacenere, per cortesia?** *(a ou'n por-ta-tché-né-ré per cor-té-zi-a)* (Avez-vous un cendrier, s'il vous plaît ?)
- **Non ho visto i fazzoletti di carta nella stanza da bagno.** *(no'n o vi-sto i fat-tso-lét-ti di car-ta nél-la sta'n-tsa da ba-gno)* (Je n'ai pas vu les mouchoirs en papier dans la salle de bains.)
- **Per la spiaggia abbiamo bisogno di due lettini e un ombrellone.** *(per la spiad-dja ab-bia-mo bi-zo-gno di dou-é lèt-ti-ni é ou-no'm-brél-lo-né)* (Pour la plage, nous aurions besoin de deux chaises longues et d'un parasol.)

TRUC

Un lettino est aussi un lit d'enfant ou un lit de camp, selon le contexte.

N'OUBLIEZ PAS !

Vous aurez remarqué qu'on écrit **un altro**, mais **un'altra** avec une apostrophe. Pourquoi ? Dans le premier cas l'article indéfini masculin est **un**. Dans le second, son homologue féminin est **una**, si le nom commence par une voyelle, le ***-a*** s'élide et est remplacé par une apostrophe. Une petite révision des articles ? Rendez-vous au chapitre 2 !

Si vous descendez dans un hôtel international vous aurez à votre disposition :

- **il negozio di souvenir** *(il né-go-tsio di sou-vé-nir)* (le magasin de souvenirs)
- **il parrucchiere** *(il par-rouk-kié-ré)* (le coiffeur pour dames)
- **il barbiere** *(il bar-biè-ré)* (le coiffeur pour messieurs)
- **il centro fitness** *(tchè'n-tro fit-nès)* (la salle de fitness)
- **la piscina** *(pi-chi-na)* (la piscine)

Mots clés

cognome	co-gno-mé	nom
compilare la scheda	co'm-pi-la-ré la skè-da	remplir la fiche
la chiave [f]	la kia-vé	la clé
la coperta [f]	la co-per-ta	la couverture
la carta igienica [f]	la car-ta i-djè-ni-ca	le papier toilette
lo shampoo [m]	lo cha'm-pou	le shampooing
et pour aller plus loin…		
il servizio in camera [m]	il ser-vi-tsio i'n ca-mé-ra	le service d'étage / en chambre
il servizio sveglia [m]	il ser-vi-tsio své-llia	le service de réveil
saldare il conto	sal-da-ré il co'n-to	payer la note

Un peu de grammaire

La grammaire n'est pas la chose la plus simple en italien, vous l'aurez remarqué ! Nous allons commencer par les adjectifs et pronoms démonstratifs (le plus difficile !) mais c'est un passage d'autant plus obligé que leur usage n'est pas évident pour un francophone. Ne vous découragez-pas !

Les adjectifs et pronoms démonstratifs

L'italien a deux types d'adjectifs démonstratifs, l'un pour exprimer la proximité et l'autre l'éloignement.

Voyons-les sous forme de tableau.

Tableau 9-1 : Les adjectifs démonstratifs

	proximité		éloignement	
	singulier	*pluriel*	*singulier*	*pluriel*
masculin	**questo** *(coué-sto)*	**questi** *(coué-sti)*	**quel** *(couél)* **quello** *(couél-lo)*	**quei** *(couéï)* **quegli** *(coué-lli)*
féminin	**questa** *(coué-sta)*	**queste** *(coué-sté)*	**quella** *(couél-la)*	**quelle** *(couél-lé)*
devant une voyelle	**quest'** *(coué-st)*	**questi** *(coué-sti) [m]* **queste** *(coué-sté) [f]*	**quell'** *(couél)*	**quegli** *(coué-lli) [m]* **quelle** *(couél-lé) [f]*

Pour exprimer la proximité…

- **Questo telefono è rotto.** *(coué-sto té-lé-fo-no è rot-to)* (Ce téléphone est en panne.)
- **Questa valigia è mia.** *(coué-sta va-li-dja è mi-a)* (Cette valise est à moi.)
- **Quest'accappatoio è grande**. *(coué-stac-cap-pa-to-io è gra'n-dé)* (Ce peignoir est grand.)
- **Quest'impiegata è giovane.** *(coué-sti'm-pié-ga-ta è djo-va-né* (Cette employée est jeune.)
- **Questi alberghi sono cari.** *(coué-sti al-ber-gui so-no ca-ri)* (Ces hôtels sont chers.)
- **Queste valigie sono pesanti.** *(coué-sté va-li-djé so-no pé-za'n-ti)* (Ces valises sont lourdes.)

Pour exprimer l'éloignement…

(Ces adjectifs suivent la même règle que les articles, nous avons écrit ceux-ci à la fin de chaque ligne.)

- **Quel receptionist è simpatico.** *(couél ré-sèp-chio-nist è si'm-pa-ti-co)* (Ce réceptionniste est sympathique.) **(il receptionist)**
- **Quello spazio è grande** *(couél-lo spa-tsio è gra'n-dé)* (Cet espace est grand.) **(lo spazio)**

- **Quella valigia è rotta.** *(couél-la va-li-dja è rot-ta)* (Cette valise est cassée.) **(la valigia)**
- **Quell'albergo è bello.** *(coué-lal-ber-go è bèl-lo)* (Cet hôtel est beau.) **(l'albergo)**
- **Quell'impiegata è carina.** *(couél-li'm-pié-ga-ta è ca-ri-na)* (Cette employée est gentille / mignonne.) **(l'impiegata)**
- **Quei bagagli sono pesanti.** *(couéï ba-ga-lli so-no pé-za'n-ti)* (Ces bagages sont lourds.) **(i bagagli)**
- **Quegli armadi sono piccoli.** *(couél-li ar-ma-di so-no pic-co-li)* (Ces armoires sont petites.) **(gli armadi)**
- **Quelle turiste sono francesi.** *(couél-lé tou-ri-sté so-no fra'n-tché-zi)* (Ces touristes sont françaises.) **(le touriste)**

TRUC

Attention donc, car le français emploie dans les deux cas les adjectifs démonstratifs sans préciser « -ci » ou « -là » (ce réceptionniste-ci, ce réceptionniste-là). En italien, vous employez les adjectifs exprimant la proximité lorsque l'objet est dans votre main ou tout près de vous. S'il est à un mètre, vous devez utiliser les adjectifs exprimant l'éloignement.

Passons aux pronoms, ils sont moins nombreux : ouf !

Tableau 9-2 : Les pronoms démonstratifs

	proximité		éloignement	
	singulier	*pluriel*	*singulier*	*pluriel*
masculin	**questo** *(coué-sto)*	**questi** *(coué-sti)*	**quello** *(couél-lo)*	**quelli** *(couél-li)*
féminin	**questa** *(coué-sta)*	**queste** *(coué-sté)*	**quella** *(couél-la)*	**quelle** *(couél-lé)*

En français, on utilise spontanément « celui-là ». « Celui-ci » est devenu une forme écrite. À l'oral on ne fait plus réellement la distinction entre les deux, sauf lorsqu'on les emploie dans la même phrase. L'italien, lui, la fait et si vous ne la faites pas, on ne vous comprendra pas !

- **Questa è rotta.** *(coué-sta è rot-ta)* (Celle-ci est en panne.) **(la TV)**
- **Questi sono cari.** *(coué-sti so-no ca-ri)* (Ceux-ci sont chers.) **(gli aberghi)**
- **Quello è pesante.** *(couél-lo è pé-za'n-té)* (Celui-là est lourd.) **(il bagaglio)**
- **Quelli sono grandi.** *(couél-li so-no gra'n-di)* (Ceux-là sont grands.) **(gli armadi)**

La première des phrases suivantes présente un emploi idiomatique du pronom.

- **Questa è la Sua borsa?** *(coué-sta è la sou-a bor-sa)* (C'est votre sac de voyage ?) (littéralement : Celui-ci est votre sac de voyage ?)
- **No, le mie sono quelle.** *(no lé mi-é so-no couél-lé)* (Non, les miennes, ce sont celles-là.)

Bon, un peu de conversation pour se détendre… où vous retrouverez les pronoms démonstratifs et où vous aborderez les possessifs qui sont beaucoup plus faciles ! Vous en avez d'ailleurs déjà rencontré sous leur forme adjectivale. Nous les verrons après le dialogue.

TRUC

Dans **quella là**, **là** *(la)* (là-bas) renforce la relation d'éloignement, on peut dire aussi **quella lì** *(couél-la li)*. **Là** et **lì** s'utilisent aussi avec les adjectifs : **quella valigia là** *(couél-la va-li-dja la)* (cette valise là-bas). Pour renforcer la relation de proximité, on utilisera **qua** *(coua)* ou **qui** *(coui)* (ici, là) : **questo qua** *(coué-sto coua)*, **questo qui** *(coué-sto coui)* (celui-ci [qui est ici / là]), **questa valigia qua** *(coué-sta va-li-dja coua)* (cette valise-ci [qui est ici]).

Les adjectifs et les pronoms possessifs

Dans les chapitres précédents, nous avons déjà largement employé les adjectifs possessifs et vu qu'ils étaient précédés de l'article défini sauf quand ils accompagnent les noms désignant les membres de la famille, voir le chapitre 4 : *Présenter d'autres personnes.*

On dira donc :

Il mio bagaglio *(il mi-o ba-ga-llio)* (mon bagage) mais **mio fratello** *(mi-o fra-tèl-lo)* (mon frère)

La mia chiave *(la mi-a kia-vé)* (ma clé) mais **mia sorella** *(mi-a so-rèl-la)* (ma sœur)

Les pronoms possessifs sont identiques aux adjectifs.

Il mio bagaglio *(il mi-o ba-ga-llio)* (mon bagage)**, il mio** *(il mi-o)* (le mien).

Mio fratello *(mi-o fra-tèl-lo)* (mon frère), **il mio** *(il mi-o)* (le mien).

TRUC

Attention ne pas confondre avec l'expression **è mio** qui signifie « à moi ».

Questa valigia è mia. *(coué-sta va-li-dja è mi-a)* (Cette valise est à moi.)

Voici un tableau récapitulatif de tous les adjectifs et pronoms possessifs.

Tableau 9-3 : Les adjectifs et pronoms possessifs

Personnes	*Singulier*		*Pluriel*	
	Masculin	*Féminin*	*Masculin*	*Féminin*
io	**il mio** *(il mi-o)*	**la mia** *(la mi-a)*	**i miei** *(i mièï)*	**le mie** *(lé mi-é)*
tu	**il tuo** *(il tou-o)*	**la tua** *(la tou-a)*	**i tuoi** *(i touoï)*	**le tue** *(lé tou-é)*

Tableau 9-3 (suite)

Personnes	*Singulier*		*Pluriel*	
lui / lei	**il suo** *(il sou-o)*	**la sua** *(la sou-a)*	**i suoi** *(i souoï)*	**le sue** *(lé sou-é)*
Lei (polit.)	**il Suo**	**la Sua**	**i Suoi**	**le Sue**
noi	**il nostro** *(il no-stro)*	**la nostra** *(la no-stra)*	**i nostri** *(i no-stri)*	**le nostre** *(lé no-stré)*
voi	**il vostro** *(il vo-stro)*	**la vostra** *(la vo-stra)*	**i vostrile** *(i vo-stri)*	**vostre** *(lé vo-stré)*
loro	**il loro** *(il lo-ro)*	**la loro** *(la lo-ro)*	**i loro** *(i lo-ro)*	**le loro** *(lé lo-ro)*

Voici quelques phrases où vous trouverez en contexte les adjectifs et les pronoms.

- **È grande la vostra camera**? *(è gra'n-dé la vo-stra ca-mé-ra)* (Votre chambre est-elle grande ?)
- **No la mia è piccola.** *(no la mi-a è pic-co-la)* (Non, la mienne est petite.)
- **Dov'è il tuo albergo?** *(do-vé il tou-o al-ber-go)* (Où est ton hôtel ?)
- **Il mio? È là.** *(il mi-o è la)* (Le mien ? Il est là-bas.)
- **Ecco i vostri documenti.** *(èc-co i vo-stri do-cou-mé'n-ti)* (Voici vos papiers.)
- **Scusi ma questi non sono i nostri.** *(scou-zi ma coué-sti no'n so-no i no-stri)* (Excusez-moi, mais ce ne sont pas les nôtres.) (littéralement :…ceux-ci ne sont pas les nôtres.)
- **Questa è la Sua chiave?** *(coué-sta è la sou-a kia-vé)* (Est-ce votre clé ?) (politesse)
- **Non lo so, è la mia o la tua, Chiara?** *(no'n lo so è la mi-a o la tou-a kia-ra)* (Je ne sais pas. C'est la mienne ou la tienne, Chiara ?)
- **La mia camera è molto tranquilla.** *(la mi-a ca-mé-ra è mol-to tra'n-couil-la)* (Ma chambre est très calme.)

- **Anche la sua ma non la loro, dà sulla strada!** *(a'n-ké la sou-a ma no'n la lo-ro da soul-la stra-da)* (La sienne aussi mais pas la leur, elle donne sur la rue !)
- **Dové sono finiti i miei bagagli?!** *(do-vé so-no fi-ni-ti i mièï ba-ga-lli)* (Où sont passés mes bagages ?!)
- **Non sono i Suoi quelli li?** *(no'n so-no i souoï couél-li li)* (Ce ne sont pas les vôtres ceux-là, là-bas ?) (politesse)
- **Può far portare le mie borse in camera, per favore?** *(pouo far por-ta-ré lé mi-é bor-sé i'n ca-mé-ra per fa-vo-ré)* (Pouvez-vous faire porter mes sacs de voyage dans la chambre, s'il vous plaît ?)
- **Ma certamente signora.** *(ma tcher-ta-mé'n-té si-gno-ra)* (Mais bien sûr, madame.)

Puisque nous parlons d'appartenance et de possession, voyons la conjugaison des verbes qui expriment cette idée : **appartenere** *(ap-par-té-né-ré)* (appartenir) et **possedere** *(pos-sé-dé-ré)* (posséder). Ils sont tous deux irréguliers.

Conjugaison	***Prononciation***
io appartengo	*i-o ap-par-tè'n-go*
tu appartieni	*tou ap-par-tié-ni*
lui / lei appartiene	*lou-i / lèï ap-par-tié-né*
noi apparteniamo	*noï ap-par-té-nia-mo*
voi appartenete	*voï ap-par-té-né-té*
loro appartengono	*lo-ro ap-par-tè'n-go-no*

Conjugaison	***Prononciation***
io possiedo	*i-o pos-sié-do*
tu possiedi	*tou pos-sié-di*
lui / lei possiede	*lou-i / lèï pos-sié-dé*
noi possediamo	*noï pos-sé-dia-mo*
voi possedete	*voï pos-sé-dé-té*
loro possiedono	*lo-ro pos-sié-do-no*

Chapitre 10

Se déplacer : avion, train, taxi et autres

Dans ce chapitre :

- Prendre l'avion
- Louer une voiture
- Utiliser les transports en commun

Si vous ne pouvez ou ne désirez pas vous rendre en Italie en voiture, il vous faudra le faire **in treno** *(i'n trè-no)* (en train) ou **in aereo** *(i-na-è-ré-o)* (en avion). Une fois arrivé là-bas, vous devrez vous déplacer : louer une voiture ou prendre le train, le bus, le tram, le métro, le taxi… À moins d'être un marcheur forcené ou d'y aller à vélo, vous n'échapperez pas aux transports !

À l'aéroport

Dans tous les aéroports italiens, les indications sont bilingues italien-anglais, mais tout le monde n'est pas censé comprendre l'anglais. Vous, vous comprenez l'italien ! Vous trouverez dans cette section les termes dont vous aurez besoin en débarquant de l'avion et en embarquant, car vous retournerez chez vous !

L'enregistrement des bagages

Les Italiens l'appellent **check-in** *(tchè-ki'n)* ! Le personnel parlera certainement français, mais on ne sait jamais. De toute façon, c'est toujours rassurant et gratifiant de pourvoir se débrouiller en italien !

Mots clés

aereo	a-è-ré-o	avion
hostess	o-stès	hôtesse
imbarco [m]	i'm-bar-co	embarquement
uscita [f] ; gate [m]	ou-chi-ta / guèït	porte d'embarquement
bagaglio [m] a mano	ba-ga-llio a ma-no	bagage à main
finestrino [m]	fi-nè-stri-no	hublot
corridoio [m]	cor-ri-do-io	couloir

Un surplus de bagages

L'on a toujours tendance à emporter trop de choses ! Un surplus de bagages est vite arrivé, surtout si l'on part pour longtemps. Voici ce que l'hôtesse pourra vous dire si vos valises pèsent vraiment trop lourd. À moins de pouvoir bourrer votre bagage à main, vous devrez payer un supplément !

- **Ha un eccesso di bagaglio.** *(a ou'n ét-tchès-so di ba-ga-llio)* (Vous avez un surplus de bagages.)
- **Deve pagare un supplemento.** *(dé-vé pa-ga-ré ou'n soup-plé-mé'n-to)* (Vous devez payer un supplément.)
- **Per ogni chilo in più sono sette euro.** *(per o-gni ki-lo i'n piou so-no sèt-té è-ou-ro)* (Cela coûte sept euros par kilo supplémentaire.)
- **Quel bagaglio a mano è troppo ingombrante.** *(couél ba-ga-llio a ma-no è trop-po i'n-go'm-bra'n-té)* (Ce bagage à main [que vous tenez] est trop encombrant.) Notez l'adjectif démonstratif d'éloignement, reportez-vous au chapitre 9.

Dans la salle d'embarquement

Il n'est pas rare que les avions aient du retard. Aussi, aurez-vous peut-être envie de savoir si le vôtre est à l'heure ! Voici un petit dialogue qui vous donne un avant-goût de la situation.

Mots clés

supplemento [m]	soup-plé-mé'n-to	supplément
ingombrante	i'n-go'm-bra'n-té	encombrant(e)
circa	tchir-ca	environ
servizi [m]	ser-vi-tsi	toilettes
volo [m]	vo-lo	vol
in ritardo	i'n ri-tar-do	en retard
in orario	i-no-ra-rio	à l'heure

Débarquons

Lorsque vous débarquez, vous êtes en Italie ! Et l'on parle italien partout ! Il va falloir mettre à profit tout ce que vous avez appris pour passer le contrôle d'identité, récupérer vos bagages **al ritiro bagagli** *(al ri-ti-ro ba-ga-lli)* (au retrait des bagages), passer la douane, changer de l'argent… Mettons-nous dans ces situations avec les dialogues qui suivent.

Si vous êtes ressortissant d'un pays membre de **l'Unione europea** *(lou-nio-né è-ou-ro-pè-a)* (l'Union européenne), **la carta d'identità** *(la car-ta di-dè'n-ti-ta)* (la carte d'identité) suffira. Si ce n'est pas le cas, on vous demandera votre **passaporto** *(pas-sa-por-to)* (passeport). **Al controllo passaporti** *(al co'n-trol-lo pas-sa-por-ti)* (au contrôle des passeports), on ne fait généralement pas de grand discours ! À moins qu'on ait quelque chose de particulier à dire.

Mots clés

carrelo [m]	car-rèl-lo	chariot
ritiro bagagli [m]	ri-ti-ro ba-ga-lli	retrait des bagages
carta d'identità [f]	car-ta di-dè'n-ti-ta	carte d'identité
passaporto [m]	pas-sa-por-to	passeport
poliziotto [m]	po-li-tsio-to	policier
Pour aller plus loin		
arrivo [m]	ar-ri-vo	arrivée
partenza [f]	par-tè'n-tsa	départ
destinazione [f]	dé-sti-na-tsio-né	destination

À la douane

Alla dogana *(al-la do-ga-na)* (à la douane), il est rare que l'on vous demande quoi que ce soit. Mais les contrôles « au pif », ça existe ! Mieux vaut y être préparé.

- **Niente da dichiarare?** *(niè'n-té da di-kia-ra-ré)* (Rien à déclarer ?)
- **No, niente.** *(no niè'n-té)* (Non, rien.)
- **Per favore, apra questa valigia.** *(per fa-vo-ré a-pra coué-sta va-li-dja)* (Ouvrez cette valise, s'il vous plaît.)
- **Certo. Prego.** *(tcher-to pré-go)* (Oui, bien sûr. Voilà.)
- **Perché ha tante camicie Armani?** *(per-ké a ta'n-té ca-mi-tché ar-ma-ni)* (Pourquoi avez-vous toutes ces chemises Armani ?)
- **Beh… sono per uso personale.** *(bè so-no per ou-zo per-so-na-lé)* (Ben… c'est pour mon usage personnel.)
- **Venga con me.** *(vè'n-ga co'n mé)* (Suivez-moi.)

Vous savez que **la contraffazione è un delitto?!** *(la co'n-traf-fa-tsio-né è ou'n dé-lit-to)* (la contrefaçon est un délit ?!)

Si vous avez quelque chose à déclarer, vous devrez peut-être **pagare il dazio** *(pa-ga-ré il da-tsio)* (payer les droits de douane).

Ho questo / queste cose da dichiarare. *(o coué-sto / coué-sté co-zé da di-kia-ra-ré)* (J'ai ça / ces choses-là à déclarer.) (On devrait dire ces choses-ci… mais qui le dit ? Reportez-vous au chapitre 9 : Les adjectifs et pronoms démonstratifs.)

Mots clés

dogana [f]	do-ga-na	douane
dichiarare	di-kia-ra-ré	déclarer
aprire	a-pri-ré	ouvrir
niente	niè'n-té	rien
pagare	pa-ga-ré	payer
uso personale [m]	ou-zo per-so-na-lé	usage personnel
use		

Et si on louait une voiture !

Si vous êtes venu en avion ou en train, louer une voiture peut être une bonne idée.

N'oubliez pas **la Sua patente** *(la sou-a pa-tè'n-té)* (votre permis de conduire) ! Si vous n'êtes pas ressortissant de l'UE, vous devrez sûrement vous procurer un permis international avant de partir. Renseignez-vous sur ces formalités auprès de l'ambassade d'Italie dans votre pays.

Louer une voiture en Italie ou dans votre pays ne doit pas être très différent, seule la langue change !

TRUC

Louer se dit **noleggiare** (*no-léd-dja-ré*) pour une voiture et **affitare** (*af-fi-ta-ré*) pour un appartement ou une maison.

Voici d'autres mots en contexte qui vous permettront de choisir une voiture et de mettre de l'essence dedans !

- **il cambio automatico** *(il ca'm-bio a-ou-to-ma-ti-co)* (la boîte de vitesses automatique)
- **il cabriolet** *(il ca-bri-o-lé)* (cabriolet ; décapotable)
- **fare benzina** *(fa-ré bé'n-dzi-na)* (mettre de l'essence)
- **Mi fa il pieno.** *(mi fa il pié-no)* (Vous me faites le plein.)
- **il diesel** *(di-zel)* (le diesel)
- **le gomme / i pneumatici** *(lé go'm-mé / i pné-ou-ma-ti-tchi)* (les pneus)
- **Controlli l'olio.** *(co'n-trol-li lo-lio)* (Vérifiez l'huile.)

Taxi !

Si vous n'avez pas de voiture, vous devrez prendre le taxi au moins une fois, quand vous débarquerez avec vos bagages ! Il y a deux mots en italien : **taxi** *(ta-xi) et* **tassì** *(tas-si)*. Le chauffeur de taxi se dit **il tassista** *(il tas-si-sta)*. Faisons une répétition générale !

- **Vorrei un taxi, per favore.** *(vor-rèï ou'n ta-xi per fa-vo-ré)* (Je voudrais un taxi, s'il vous plaît.)
- **Può chiamarmi un taxi?** *(pouo kia-mar-mi ou'n ta-xi)* (Vous pourriez m'appeler un taxi?)
- **È libero?** *(è li-bé-ro)* (Vous êtes libre ?)

Si vous appelez d'une borne ou demandez à l'employé de l'hôtel d'appeler, on vous posera cette question : **Per quando lo vuole?** (*per coua'n-do lo vouo-lé*) (Pour quand le voulez-vous ?), vous pourrez répondre :

- **subito** *(sou-bi-to)* (tout de suite)
- **fra un'ora** *(fra ou-no-ra)* (dans une heure)
- **alle due del pomeriggio** *(al-lé dou-é dél po-mé-rid-djo)* (à deux heures de l'après-midi)
- **domani mattina** *(do-ma-ni mat-ti-na)* (demain matin)

Quand vous serez dans le taxi, le chauffeur vous demandera : **Dove la porto?** *(do-vé la por-to)* (Où je vous emmène ?) ou encore **Dove va?** *(do-vé va)* (Où allez-vous ?). Voici quelques destinations possibles :

- **All'hotel Veneto, per favore.** *(al-lo-tel vé-né-to per fa-vo-ré)* (À l'hôtel Veneto, s'il vous plaît.)
- **A quest'indirizzo : via Leopardi, numero 3.** *(a coué-sti'n-di-ri-tso vi-a lé-o-par-di nou-mé-ro trè)* (À cette adresse : via Leopardi, numéro 3.)
- **Alla stazione.** *(al-la sta-tsio-né)* (À la gare.)
- **All'areoporto.** *(al-la-ré-o-por-to)* (À l'aéroport.)

Pour payer, demandez au chauffeur **Quant'è?** *(coua'n-tè)* (C'est combien ?) Vous paierez un surplus par rapport au compteur pour les bagages, comme partout ! On ne donne pas de pourboire au chauffeur !

Pour connaître les différentes façons de demander un prix, rendez-vous à la fin du chapitre 5.

La panoplie des transports en commun

Si vous n'avez pas de voiture, vous connaîtrez la joie des transports en commun : le train ; le bus, le tram et le métro dans les grandes villes ; **il pullman** *(il poul-ma'n)* ou **la corriera** *(la cor-riè-ra)* (le car) : **il pullman** étant aussi un car de tourisme.

Le train était à l'heure ?!

Vous pouvez acheter votre billet de train **alla stazione** *(al-la sta-tsio-né)* (à la gare) ou dans **un'agenzia di**

viaggio / viaggi *(ou-na-djè'n-tsi-a di viad-djo / viad-dji)* (une agence de voyages) où vous le paierez plus cher. **I treni rapidi** *(i trè-ni ra-pi-di)* (les trains rapides) sont : **L'Espresso** (E) *(lè-sprès-so)* qui fait très peu d'arrêts ; **l'Inter City (IC)** *(li'n-ter ci-ti)* qui en fait un peu plus ; **l'Euro City (EC)** *(lè-ou-ro ci-ti)* et **l'Euro Star (ES)** *(lè-ou-ro star)* qui sont des trains de lignes internationales. **I treni rapidi** font l'objet d'un **supplemento** *(soup-plé-mé'n-to)* (supplément). Les autres trains sont : **l'Interregionale (IR)** (*li'n-ter-ré-djo-na-lé)* qui relie des villes appartenant à des régions différentes ; **il Regionale (R)** *(il ré-djo-na-lé)* qui se déplace ,à l'intérieur d'une région et est semi-omnibus. **Il Diretto (D)** *(il di-rèt-to)* n'a pas la même signification que « train direct » en français, il est va directement à sa destination sans qu'il soit besoin de changer, mais il est omnibus…

Mots clés

Macchina [f]	mak-ki-na	voiture
treno [m]	trè-no	train
binario [m]	bi-na-rio	quai
biglietto [m]	bi-lliét-to	billet de train, ticket de métro / bus
andata [f]	a'n-da-ta	aller simple
andata e ritorno [m]	a'n-da-ta é ri-tor-no	aller-retour

Pour **convalidare** *(co'n-va-li-da-ré)* (valider) votre billet avant d'aller sur **il binario** *(il bi-na-rio)* (le quai), cherchez du regard une borne jaune. N'oubliez pas de le faire, sinon vous devrez payer **la multa** *(la moul-ta)* (une amende) !

TRUC

Comme toutes les langues, l'italien fait des raccourcis, par **In prima o in seconda** l'employé de **la FS / ferrovia dello stato** *(la èf-fé ès-sé / fér-ro-vi-a dél-lo sta-to)* (chemins de fer de l'État) entend

In prima classe o in seconda *(i'n pri-ma clas-sé o i'n sé-co'n-da)* (En première classe ou en seconde).

Bus, tram ou métro?

En prenant le bus, le tram et le métro, vous aurez l'avantage de ne pas vous énerver dans la circulation intense des **città affollate** *(tchit-ta af-fol-la-té)* (villes saturées). Même si la Naples d'aujourd'hui n'est plus celle d'hier, la façon de conduire reste peut-être un peu rocambolesque pour qui n'y est pas habitué. Il fut un temps où on ne s'arrêtait pas au feu rouge pour ne pas se faire « rentrer dedans » par l'arrière et où on passait prudemment au vert en regardant bien s'il n'arrivait pas de voiture. Bref, même si vous avez loué une voiture, vous préférerez peut-être ne pas circuler dans le centre-ville.

POINT DE GRAMMAIRE

Dans **città affollate** *(tchit-ta af-fol-la-té)*, notez que **città** est invariable (**la città – le città**) : c'est le cas de tous les noms se terminant par une voyelle accentuée.

Le tram et métro n'existent que dans les grandes villes. Sinon, il y a **l'autobus** *(la-ou-to-bous)* (le bus) et **il pullmino** *(il poul-mi-no)* (le minibus) qui se faufile plus facilement dans les rues étroites.

Les tickets s'achètent dans le métro, certains cafés, **dal giornalaio** *(dal djor-na-la-io)* (chez le marchand de journaux), ou **dal tabaccaio** *(dal ta-bac-ca-io)* (au tabac) reconnaissable par son enseigne noire et blanche ou bleue et blanche où apparaît un grand T.

Lire les horaires

Lire **l'orario** *(lo-ra-rio)* (les horaires) de trains ou de bus, qui sont affichés dans toutes les gares ferroviaires et routières, vous semblera sûrement fastidieux, voici quelques mots de vocabulaire qui vont aideront à vous y retrouver :

- **orario** [m] *(o-ra-rio)* (horaires) (Dans ce contexte, l'italien emploie le singulier alors que le français utilise le pluriel.)
- **partenze** [f] *(par-tè'n-tsé)* (départs)
- **arrivi** [m] *(ar-ri-vi)* (arrivées)
- **giorni feriali** [m] *(djor-ni fé-ria-li)* (jours ouvrables)
- **giorni festivi** [m] *(djor-ni fè-sti-vi)* (jours fériés)
- **binario** [m] (*bi-na-rio*) (quai)

TRUC

Attention à **feriali** qui ressemble à s'y méprendre à férié ! Ce sont au contraire les jours ouvrables. Pour vous en souvenir, dites-vous que **festivi** vient de **festa**, c'est-à-dire les jours où l'on chôme : samedi, dimanche et fêtes !

En avance ou en retard ?

Les trains sont souvent en retard, d'ailleurs dans les tableaux d'affichage il y a une colonne **Rit** pour **ritardo** *(ri-tar-do)*, c'est dire ! Si vous avez un rendez-vous ou une correspondance, tenez-en compte… Cela étant, il arrive que le train soit **in orario** *(i-no-ra-rio)* (à l'heure) et qu'il y ait la queue **allo sportello** *(al-lo spor-tèl-lo)* (au guichet) ou à la machine automatique où vous pourrez acheter un billet en français ! Alors, mieux vaut arriver in anticipo *(i-na'n-ti-tchi-po)* (en avance).

Voici **in ritardo**, **in orario** et **in anticipo** en contexte :

- **Sono in anticipo.** *(so-no i-na'n-ti-tchi-po)* (Je suis en avance.)
- **Meglio arrivare troppo presto che troppo tardi!** *(mè-llio ar-ri-va-ré trop-po prè-sto ké trop-po tar-di)* (Il vaut mieux arriver trop tôt que trop tard !)
- **Mi piace essere puntuale.** *(mi pia-tché ès-sé-ré pou'n-toua-lé)* (J'aime être ponctuel[le].)
- **Anche a me piace essere in orario**. *(a'n-ké a mé pia-tché ès-sé-ré i-no-ra-rio)* (Moi aussi, j'aime être à l'heure.)

- **Scusate, sono arrivata in ritardo.** *(scou-za-té so-no ar-ri-va-ta i'n ri-tar-do)* (Excusez-moi, je suis arrivée en retard.)
- **Sei sempre in ritardo!** *(sèï sè'm-pré i'n ri-tar-do)* (Tu es toujours en retard !)
- **Meno male che per una volta sei in anticipo!** *(mé-no ma-lé ké per ou-na vol-ta sèï i-na'n-ti-tchi-po)* (Heureusement que pour une fois tu es en avance !)
- **Non dirmi che il treno è in orario ?!** *(no'n dir-mi ké il trè-no è i-no-ra-rio)* (Ne me dis pas que le train est à l'heure ?!)
- **Per il momento non è previsto nessun ritardo!** *(per il mo-mé'n-to no'n è pré-vi-sto nès-sou'n ri-tar-do)* (Pour l'instant, aucun retard n'est prévu !)

TRUC

Notez **Scusate** pour dire « Excusez-moi ». Ici, elle s'excuse auprès de plusieurs personnes et utilise la conjugaison correspondant à la 2e personne du pluriel. **Scuzi** s'utilise pour dire « Excusez-moi » uniquement lorsque l'on s'adresse à une seule personne que l'on vouvoie.

Mots clés

fermata [f]	fer-ma-ta	arrêt de bus, de métro
autobus	a-ou-to-bous	bus
metropolitana	mé-tro-po-li-ta-na	métro
linea [m]	li-néa	ligne de métro
giorni feriali	djor-ni fé-ria-li	jours ouvrables
giorni festivi	djor-ni fè-sti-vi	jours fériés

Lorsque l'on parle de retard, il y a souvent quelqu'un qui attend. Voyons un peu l'usage du verbe **aspettare** *(a-spèt-ta-ré)* (attendre) :

- **Sto aspettando da un'ora!** *(sto a-spèt-ta'n-do da ou-no-ra)* (Ça fait une heure que j'attends !)
- **Aspetta anche lei il ventitré?** *(a-spèt-ta a'n-ké lèï il vé'n-ti-trè)* (Vous attendez aussi le 23 ?)
- **Aspettate un momento!** *(a-spèt-ta-té ou'n mo-mé'n-to)* (Attendez un instant !)
- **Aspettiamo Anna?** *(a-spèt-tia-mo Anna)* (On attend Anna ?)
- **Chi aspetti?** *(ki a-spèt-ti)* (Tu attends qui ?)

Chapitre 11

En cas d'urgence

Dans ce chapitre :

- Demander de l'aide
- Appeler les secours en cas de panne de voiture ou d'accident
- Aller chez le médecin et à l'hopital
- Alerter la police pour un vol
- Exposer votre problème à un avocat

Demander de l'aide signifie être dans une situation difficile et ce n'est pas drôle par définition. Ce chapitre présente diverses situations plus ou moins graves, dans lesquelles nous espérons que vous ne vous trouverez pas ! Mais mieux vaut prévenir que guérir ! S'il vous arrivait ne serait-ce qu'un « bobo » qui vous conduise chez le médecin, il est préférable de savoir quoi lui dire. Le vocabulaire proposé ici vous permettra de faire face à ce type de situations et de vous faire aider.

Voici quelques phrases simples pour demander de l'aide :

- **Aiuto!** *(a-iou-to)* (Au secours !)
- **Mi aiuti, per favore.** *(mi a-iou-ti per fa-vo-ré)* (Aidez-moi, s'il vous plaît.)
- **Ho bisogno di un medico.** *(o bi-zo-gno di ou'n mé-di-co)* (J'ai besoin d'un médecin.)
- **Chiamate un'ambulanza!** *(kia-ma-té ou-na'm-bou-la'n-tsa)* (Appelez une ambulance !)

Dans la deuxième phrase, vous vous adressez à une seule personne en utilisant la formule de politesse. Dans la dernière, vous vous adressez à plusieurs personnes en utilisant la personne de l'impératif correspondant au « vous » du pluriel.

Pour demander si quelqu'un parle français :

- **Mi scusi, parla francese?** *(mi scou-zi par-la fra'n-tché-zé)* (Excusez-moi, parlez-vous français ?)
- **C'è un medico che parla francese?** *(tchè ou'n mé-di-co ké par-la fra'n-tché-zé)* (Y a-t-il un médecin qui parle français ?)
- **Dove posso trovare un avvocato che parla francese?** *(do-vè pos-so tro-va-ré ou'n av-vo-ca-to ké par-la fra'n-tché-zé)* (Où puis-je trouver un avocat qui parle français ?)

Si vous ne trouvez pas de médecin ou d'avocat parlant français, vous pourrez avoir recours à **un interprete** *(ou'n i'n-ter-pré-té)* (un interprète). Consultez les Pages Jaunes de l'annuaire.

La panne

Toujours désagréable, la panne a le mérite d'être moins grave que l'accident. Si cela vous arrive sur l'autoroute et qu'aucune borne de secours n'est en vue, appelez le 116, **il Soccorso stradale** *(il soc-cor-so stra-da-lé)* (les secours routiers). Ils vous enverront **un carro attrezzi** *(ou'n car-ro at-trét-tsi)* (une dépanneuse). Si vous avez la chance (!) d'être sur route ou en ville, rendez-vous dans la première **officina meccanica / di riparazione** *(of-fi-tchi-na méc-ca-ni-ca / di ri-pa-ra-tsio-né)* (garage) : cela vous coûtera moins cher ! Vous y serez reçu par **un meccanico** *(ou'n méc-ca-ni-co)* (un mécanicien).

En cas de panne, on peut dire aussi : **la mia macchina è guasta** *(la mi-a mak-ki-na è goua-sta)* (ma voiture est en panne) ; **non parte più** *(no'n par-té piou)* (elle ne démarre plus) ; **non riesco a metterla in moto** *(no'n riè-sco a mét-ter-la i'n mo-to)* (je n'arrive pas à la faire démarrer). Bon, vous êtes paré !

N'OUBLIEZ PAS !

Pour épeler, vous vous souvenez comment on fait ? Non ? Reportez-vous au chapitre 8.

Mots clés

aiuto [m]	a-iou-to	au secours
è guasto/a	è goua-sto/a	il / elle est en panne
fermare(si)	fer-ma-ré / fer-mar-si	(s')arrêter
Soccorso stradale [m]	soc-cor-so stra-da-lé	secours routiers
traffico [m]	traf-fi-co	circulation
targa [f]	tar-ga	plaque d'immatriculation
officina [f] (meccanica / di riparazione)	of-fi-tchi-na (méc-ca-ni-ca / di ri-pa-ra-tsio-né)	garage
meccanico [m]	méc-ca-ni-co	mécanicien
carro attrezzi [m]	car-ro at-trét-tsi	dépanneuse

Docteur !

Dal medico *(dal mé-di-co)* (chez le médecin), **il dentista** (il *dè'n-ti-sta)* (le dentiste) ou **all'ospedale** *(al-lo-spé-da-lé)* (à l'hôpital), vous devrez dire ce qui vous amène. Voici différentes parties du corps : vous pourrez ainsi expliquer où vous sentez **il dolore** *(il do-lo-ré)* (la douleur).

Tableau 11-1 : Principales parties du corps

Italien	*Prononciation*	*Traduction*
il braccio	*il brat-tcho*	le bras
il collo	*il col-lo*	le cou
la gamba	*la ga'm-ba*	la jambe
la mano	*la ma-no*	la main
la pancia	*la pa'n-tcha*	le ventre
il petto	*il pèt-to*	la poitrine
il piede	*il pié-dé*	le pied
lo stomaco	*lo sto-ma-co*	l'estomac
la testa	*la tè-sta*	la tête

Voyons ce que vous pouvez dire au médecin :

- **Mi sono storto il piede.** *(mi so-no stor-to il pié-dé)* (Je me suis tordu le pied.)
- **Ho il mal di schiena / Mi fa male la schiena.** *(o il mal di skiè-na / mi fa ma-lé la skiè-na)* (J'ai mal au dos.)
- **Ho disturbi al cuore.** *(o di-stour-bi al couo-ré)* (J'ai des problèmes cardiaques.)
- **Mi fa male lo stomaco.** *(mi fa ma-lé lo sto-ma-co)* (J'ai mal à l'estomac.)
- **Mi bruciano gli occhi.** *(mi brou-tcha-no lli ok-ki)* (Ça me brûle les yeux.) (littéralement : Les yeux me brûlent.)
- **Mi fa male tutto il corpo.** *(mi fa ma-lé tout-to il cor-po)* (J'ai mal partout.) (littéralement :…dans tout le corps.)
- **Ho la pelle irritata.** *(o la pèl-lé ir-ri-ta-ta)* (J'ai la peau irritée.)

Et ce qu'il peut vous annoncer :

- **Si è rotta la gamba.** *(si è rot-ta la ga'm-ba)* (Vous vous êtes cassé la jambe.)

- **Ha la gola arrossata.** *(a la go-la ar-ros-sa-ta)* (Vous avez la gorge rouge.)
- **Si è slogata la spalla.** *(si è slo-ga-ta la spal-la)* (Vous avez l'épaule déboîtée.)
- **Questo dente va tolto.** *(coué-sto dè'n-té va tol-to)* (Cette dent doit être arrachée.)

De nombreuses parties du corps, qui sont du genre masculin au singulier, ont un pluriel féminin se terminant par la marque du féminin singulier **-a** ou du pluriel **-e** !

Tableau 11-2 : Pluriel de parties du corps

Singulier (prononciation)	*Pluriel (prononciation)*	*Traduction*
il braccio *(il brat-tcho)*	**le braccia** *(lé brat-tcha)*	bras
il dito *(il di-to)*	**le dita** *(lé di-ta)*	doigt(s)
il ginocchio *(il dji-nok-kio)*	**le ginocchia** *(lé dji-nok-kia)*	genou(x)
l'orecchio *(lo-rék-kio)*	**le orecchie** *(lé o-rék-kié)*	oreille(s)
l'osso *(los-so)*	**le ossa** *(lé os-sa)*	os
Nous avons gardé le meilleur pour la fin : mano est féminin avec une terminaison masculin au singulier comme au pluriel !		
la mano *(lé ma-ni))*	**le mani**	main(s)

TRUC

Les adjectifs qui qualifient ces noms au pluriel s'accordent au féminin pluriel : **il dito ferito** *(il di-to fé-ri-to)* (le doigt blessé) – **le dita ferite** *(lé di-ta fé-ri-té)* (les doigts blessés) ; **la mano rotta** *(la ma-no rot-ta)* (la main cassée) – **le mani rotte** *(lé ma-ni rot-té)* (les mains cassées).

Comment vous sentez-vous ?

Si vous vous sentez mal, vous direz **mi sento male** *(mi sè'n-to ma-lé)* (je me sens mal), le verbe à l'infinitif étant **sentirsi** *(sè'n-tir-si)* (se sentir).

Pour exprimer la douleur, on utilisera les expressions : **avere un dolore** (*a-vé-ré ou'n* do-lo-ré) (avoir une douleur) ; **avere male a** *(a-vé-ré ma-lé a) (avoir mal à)* ; **avere il mal di** *(a-vé-ré il mal di) ;* fare mal *(fa-ré ma-lé)* (faire mal).

- **Mi dica Signora.** *(mi di-ca si-gno-ra)* (Qu'est-ce qui vous amène madame ?)
- **Ho un dolore qui, al seno destro.** *(o ou'n do-lo-ré coui al sé-no dè-stro) (J'ai une douleur ici, au sein droit.)*
- **Dove ti fa male? / Dove hai male.** *(do-vé ti fa ma-lé / do-vé aï ma-lé)* (Où as-tu mal ?)
- **Ho male alla gamba** *(o ma-lé al-la ga'm-ba)* (J'ai mal à la jambe.)
- **Hai il male di testa?** *(aï il mal di tè-sta)* (Tu as mal à la tête ?)
- **Si, ho un male di testa cane.** *(si o ou'n mal di tè-sta ca-né)* (J'ai un mal de tête carabiné.) (littéralement :…mal de chien)
- **Cosa Le fa male?** *(co-za le fa ma-lé)* (Où avez-vous mal ?) (littéralement : Qu'est-ce qui vous fait mal ?)
- **Mi fanno male il collo e le spalle.** *(mi fa'n-no ma-lé il col-lo é lé spal-lé)* (J'ai mal au cou et aux épaules.)

Dans ce dernier exemple notez l'accord du verbe **fare** avec le sujet au pluriel.

TRUC

En italien, quand on a mal on crie **Ahia !** *(a-ïa)* (aïe). **Mi fa male** *(mi fa ma-lé)* signifie « Ça me fait mal » mais aussi « Vous me faites mal » ; si l'on veut être plus précis, on ajoutera la forme accentuée du pronom : **Lei mi fa male**. Une petite révision des pronoms ? Rendez-vous au chapitre 2 : *Les formes accentuées ou pleines*.

Dans le système de santé public italien, vous allez voir **il medico di base** *(il mé-di-co di ba-zé)* (le généraliste) qui fait ensuite une demande de rendez-vous pour une visite spécialisée ou des examens qui ont lieu à l'hôpital. Avec cette demande, vous devez prendre rendez-vous auprès de **l'Azienda Unità sanitaria locale** *(la-dziè'n-da ou-ni-ta sa-ni-ta-ria lo-ca-lé)* (unité sanitaire locale), ASL ou USL selon les régions. Il faut parfois attendre très longtemps pour en avoir un, d'où le développement parallèle d'un système privé très coûteux ! S'il y a urgence, le médecin peut prendre rendez-vous directement ou vous conseiller d'aller au **Pronto soccorso** *(pro'n-to soc-cor-so)* (urgences de l'hôpital). Les ressortissants de l'Union européenne peuvent se procurer un document auprès de leur système de santé, qui leur permettra de se faire rembourser leurs frais médicaux à leur retour. Si ce n'est pas votre cas, renseignez-vous, votre pays a peut-être des accords en la matière avec l'Italie.

Un peu de vocabulaire médical

Le personnel médical :

- **il medico** *(il mé-di-co)* (le médecin ; la femme médecin)
- **il dottore** *(il dot-to-ré)* (le docteur)
- **la dottoressa** *(la dot-to-rés-sa)* (la doctoresse)

Ces deux derniers termes étant aussi des titres, vous les utilisez lorsque vous vous adressez au médecin.

- **lo / la specialista [m/f]** *(lo / la spé-tcha-li-sta)* (le / la spécialiste)
- **lo / la dentista [m/f]** *(lo / la dè'n-ti-sta)* (le / la dentiste)
- **l'infermiere/a** *(li'n-fér-miè-ré/a)* (l'infirmier / l'infirmière)

Voici quelques questions et réponses que l'on peut entendre dans **l'ambulatorio** *(la'm-bou-la-to-rio)* (le cabinet) d'un médecin :

- **Devo prendere qualcosa?** *(dé-vo prè'n-dé-ré coual-co-za)* (Je dois prendre quelque chose ?)
- **No, si riposi e beva molte bevande calde.** *(no si ri-po-zi é bé-va mol-té bé-va'n-dé cal-dé)* (Non, reposez-vous et buvez beaucoup de boissons chaudes.)
- **Sì, ecco la ricetta : due compresse al giorno.** *(si èc-co la ri-tchèt-ta dou-é co'm-près-sé al djor-no)* (Oui, voilà l'ordonnance : deux gélules par jour.)
- **Devo tornare per un'altra visita?** *(dé-vo tor-na-ré per ou-nal-tra vi-zi-ta)* (Je dois revenir pour une autre visite ?)
- **No, è tutto a posto.** *(no è tout-to a po-sto)* (Non, tout va bien.)
- **Sì, ripassi la settimana prossima.** *(si ri-pas-si la sèt-ti-ma-na pros-si-ma)* (Oui, repassez la semaine prochaine.)

Mots clés

Pronto soccorso [m]	pro'n-to soc-cor-so	urgences (de l'hôpital)
medico [m]	mé-di-co	médecin
ospedale [m]	o-spé-da-lé	hôpital
fare male	fa-ré ma-lé	faire mal
sentirsi male	sè'n-tir-si ma-lé	se sentir mal
dolore [m]	do-lo-ré	douleur

Si vous devez acheter des **medicine** *(mé-di-chi-né)* (médicaments) vous irez à la **farmacia** *(far-ma-tchi-a)* (pharmacie). Les pharmacies ferment généralement à l'heure du déjeuner entre 12 h 30 et 15 heures Vous trouverez leurs adresses sur le journal local. Le week-end, la liste des **farmacia di turno** *(far-ma-tchi-é di tour-no)* (pharmacies de garde) est affichée sur la porte de n'importe quelle pharmacie.

Si vous vous trouvez dans un cas où vous devez appeler la police, faites le 113, **la Pubblica emergenza** *(la poub-bli-ca é-mer-djè'n-tsa)* (police secours).

Mots clés

Pubblica emergenza [f]	poub-bli-ca é-mer-djè'n-tsa	police secours
ambulanza [f]	a'm-bou-la'n-tsa	ambulance
emergenza [f]	é-mèr-djè'n-tsa	urgence
ferito [m]	fé-ri-to	blessé
è urgente	è our-djè'n-té	c'est urgent

Al ladro! (Au voleur !)

Nous espérons que vous n'aurez pas à le crier ni à faire les déclarations suivantes :

- **Sono stato/a derubato/a del portafoglio.** *(so-no sta-ta/o dé-rou-ba-to/a dél por-ta-fo-llio)* (Je me suis fait voler mon portefeuille.)
- **C'è stato un furto nella mia camera.** *(tchè sta-to ou'n four-to nél-la mi-a ca-mé-ra)* (Un vol a été commis dans ma chambre.)
- **Sono entrati dei ladri in casa nostra.** *(so-no è'n-tra-ti dèï la-dri i'n ca-za no-stra) (Nous nous sommes fait cambrioler)* (littéralement : Des voleurs sont entrés chez nous.)
- **Mi hanno rubato la macchina.** *(mi a'n-no rou-ba-to la mak-ki-na)* (On m'a volé ma voiture.) (littéralement : Ils m'ont volé ma voiture.)

- **Mi hanno scippata.** *(mi a'n-no chi-pa-ta)* (J'ai été victime d'un vol à la tire/On m'a arraché mon sac.)

Nous avons vu le mot **borsa** (*bor-sa*) dans de précédents chapitres où il signifiait « sac de voyage » ; ici il veut dire « sac à main ». C'est aussi le sac en plastique où vous mettez vos achats.

I carabinieri *(ca-ra-bi-niè-ri)* (les carabiniers) sont l'équivalent des gendarmes.

Mots clés

furto [m]	four-to	vol
denunciare	dé-nou'n-tcha-ré	faire une déclaration de vol
carabiniere [m]	ca-ra-bi-niè-ré	carabinier
rubare	rou-ba-ré	voler
essere derubato/a	ès-sé-ré dé-rou-ba-to/a	être victime d'un vol, se faire voler
scippare	chip-pa-ré	voler à la tire
ladro [m]	la-dro	voleur

Une fois dans les locaux de la police, Anna devra décrire son **aggressore** *(ag-grés-so-ré)* (agresseur).

È un uomo *(ou'n ouo-mo)* (un homme), **una donna** *(ou-na do'n-na)* (une femme), **un giovane** *(ou'n djo-vané)* (un jeune), **una persona di media** età *(ou-na perso-na di mé-dia é-ta)* (une personne d'âge moyen), **un anziano** *(ou'n a'n-tsia-no)* (un homme âgé).

È *(è)* (Il / Elle est)…

- **alto/a** *(al-to/a)* (grand, grande)
- **basso/a** *(bas-so/a)* (petit, petite)
- **di media statura** *(di mé-dia sta-tou-ra)* (de taille moyenne)

- **grasso/a** *(gras-so/a)* (gros, grosse)
- **magro/a** *(ma-gro/a)* (mince, maigre)

...con i capelli. . . *(co'n i ca-pél-li)* (avec les cheveux)

- **castani** *(ca-sta-ni)* (châtains)
- **biondi** *(bio'n-di)* (blonds)
- **neri** *(né-ri)* (noirs)
- **bianchi** *(bia'n-ki)* (blancs)
- **grigi** *(gri-dji)* (gris)
- **brizzolati** *(brit-tso-la-ti)* (grisonnants ; poivre et sel)
- **rossi** *(ros-si)* (roux)
- **scuri** *(scou-ri)* (bruns)
- **lisci** *(li-chi)* (raides)
- **ondulati** *(o'n-dou-la-ti)* (ondulés)
- **ricci** *(rit-tchi)* (frisés)
- **corti** *(cor-ti)* (courts)
- **lunghi** *(lou'n-gui)* (longs)

Ha gli occhi *(a lli ok-ki)* (Il / Elle a les yeux)...

- **azzurri** *(adz-zou-ri)* (bleus)
- **grigi** *(gri-dji)* (gris)
- **marroni** *(mar-ro-ni)* (marron)
- **neri** *(né-ri)* (noirs)
- **verdi** *(vér-di)* (verts)
- **chiari** *(kia-ri)* (clairs)
- **scuri** *(scou-ri)* (foncés)

È *(è)* (Il est)...

- **calvo** *(cal-vo)* (chauve)

Ha *(a)* (Il/Elle a)...

- **la bocca larga** *(la boc-ca lar-ga)* (une grande bouche)
- **la bocca piccola** *(la boc-ca pic-co-la)* (une petite bouche)

- **la bocca carnosa** *(la boc-ca car-no-za)* (les lèvres charnues)
- **il naso lungo** *(il na-zo lou'n-go)* (un long nez)
- **il naso corto** *(il na-zo cor-to)* (un petit nez)
- **la barba** *(la bar-ba)* (une barbe)
- **i baffi** *(i baf-fi)* (des moustaches)

TRUC

Vous aurez sûrement remarqué que l'italien utilise souvent l'article défini quand le français emploie l'article indéfini.

Défendez-vous !

Tout en espérant que cela ne vous arrive pas, vous pourriez vous trouver dans une situation où vous avez besoin des conseils d'un avocat :

- **Mi serve l'aiuto di un avvocato.** *(mi ser-vé la-iou-to di ou'n av-vo-ca-to)* (J'ai besoin de l'aide d'un avocat.)
- **Vorrei consultare il mio avvocato.** *(vor-rèï co'n-soul-ta-ré il mi-o av-vo-ca-to)* (Je voudrais parler à mon avocat.)
- **Chiamate il mio avvocato, per favore.** *(kia-ma-té il mi-o av-vo-ca-to per fa-vo-ré)* (Appelez mon avocat, s'il vous plaît.)

Une fois en présence de l'avocat auquel vous vous adresserez en l'appelant **avvocato** *(av-vo-ca-to)* ou **avvocata** *(av-vo-ca-ta)* (Maître), vous expliquerez votre situation :

- **Sono stato truffato/a.** *(so-no sta-to trouf-fa-to/a)* (J'ai été l'objet d'une escroquerie.)
- **Ho avuto un incidente stradale.** *(o a-vou-to ou-ni'n-tchi-dè'n-té stra-da-lé)* (J'ai eu un accident de la circulation.)
- **Voglio che mi vengano risarciti i danni.** *(vo-lio ké mi vè'n-ga-no ri-zar-tchi-ti i da'n-ni)* (Je veux être dédommagé.) (littéralement : Je veux être remboursé des dommages [que j'ai subis].)

- **Sono stato arrestato.** (*so-no sta-to ar-rè-sta-to*) (J'ai été arrêté.)

Notez aussi que l'italien utilise souvent l'article défini quand le français emploie un adjectif possessif.

Mots clés

avvocato	av-vo-ca-to	avocat
danno [m]	da'n-no	dommage
incidente stradale [m]	i'n-tchi-dè'n-té stra-da-lé	accident (de la circulation)
ferita [f]	fé-ri-ta	blessure
succedere (p. p. successo)	sou-tchè-dé-ré	arriver, survenir
assicurazione [f]	as-si-cou-ra-tsio-né	assurance

Chapitre 12

Dix expressions à mémoriser !

Dans ce chapitre :

- Dix expressions qui vous feront passer pour quelqu'un du cru
- Et le contexte dans lequel elles s'emploient

Combien de fois par jour les Italiens utilisent-ils ces expressions ? S'ils les comptaient, ils seraient eux-mêmes surpris du résultat ! Elles sont très idiomatiques mais vous verrez que peu à peu elles vous viendront spontanément et là, vous pourrez dire que vous êtes entré dans la peau d'un Italien.

Mamma mia !

INFO CULTURELLE

Mamma mia ! *(ma'm-ma mi-a)*. Elle exprime n'importe quelle émotion forte : la surprise, la joie, la peur, l'inquiétude, la douleur. On peut la traduire différemment selon les situations, contentons-nous de : « Mon Dieu ! »

Che bello !

Che bello ! *(ké bèl-lo)*. Bien des fois, cela signifie « Ah ! C'est beau ! » lorsque l'on s'émerveille devant quelque chose mais cela peut aussi exprimer l'enthousiasme : « C'est super », « C'est génial » ; ou une émotion dans une situation donnée : **Che bello stare insieme** *(ké bèl-lo sta-ré i'n-siè-mé)* (Comme c'est bien d'être ensemble).

Uffa !

Uffa ! *(ouf-fa)* exprime l'ennui, l'impatience, le ras-le-bol ! L'équivalent français pourrait-être « Pouf ! » dans un souffle où le son *ou* n'en finit plus !

Che ne so !

Selon le ton sur lequel vous le dites, **Che ne so !** *(ké né so)* signifie « Je n'en sais rien » ou « Mais, qu'est-ce que j'en sais moi ! ». C'est aussi une expression intercalaire : **Prendi… che ne so… una birra o dell'acqua** *(prè'n-di ké né so ou-na bir-ra o dél-la-coua)* (Prends euh, je ne sais pas moi… une bière ou de l'eau.)

Magari !

Magari ! *(ma-ga-ri)* exprime un désir hors de portée. Pour remonter le moral à quelqu'un qui est fatigué, vous lui dites : **Dai, vai a fare un bel viaggio !** *(daï vaï a fa-ré ou'n bèl viad-djo)* (Allez ! Fais-toi un beau voyage !) et il vous répond : **Magari !** *(ma-ga-ri)* (Si seulement je pouvais !)

Ti sta bene !

Ti sta bene *! (ti sta bé-né),* c'est l'équivalent de notre : « C'est bien fait pour toi ! »

Non te la prendere !

Non te la prendere ! *(no'n té la prè'n-dé-ré)* se dit pour réconforter quelqu'un, selon la situation : « Ne t'inquiète pas », « Te fais pas de bile », « Te prends pas la tête !»

Che casino !

Che casino ! *(ké ca-zi-no)* n'a rien à voir avec **il casinò** *(il ca-zi-no)* (le casino) – tout est dans l'accent tonique

– mais avec le « bordel » au sens propre et figuré. Ici, c'est le sens figuré, vous l'aurez compris. On le traduira donc par « Quel bordel ! » Excusez l'intrusion d'un mot que l'on pourrait qualifier de « grossier ». Cela étant le dictionnaire de la langue italienne précise qu'il relève du langage populaire c'est pourquoi nous avons osé... et puis parce que les Italiens le disent beaucoup plus que la forme édulcorée : **Che confusione !** *(ké co'n-fou-zio-né)* (Quelle confusion !) qui, reconnaissons-le, n'a pas le même mordant !

Non mi va !

Non mi va ! *(no'n mi va)*. C'est l'une des premières expressions que les enfants disent : « J'veux pas » ! Vous exprimez que ce qu'on vous propose ne vous convient pas.

Mi raccomando !

Mi raccomando ! *(mi rac-co-ma'n-do)* s'utilise pour demander à quelqu'un de faire quelque chose, de suivre une recommandation, ou pour l'implorer. **Mi raccomando ! Telefonami quando arrivi !** *(mi rac-co-ma'n-do té-lé-fo-na-mi coua'n-do ar-ri-vi)* (Surtout, n'oublie pas de me téléphoner en arrivant !) ; **Mi raccomando ! Non fare l'idiota a casa della zia.** *(mi rac-co-ma'n-do no'n fa-ré li-dio-ta a ca-za dél-la dzi-a)* (Chez ta tante, pas d'idioties, hein ! Tu m'as bien compris ?) ; **Mi raccomando figliolo mio, metti la tua sciarpa !** *(mi rac-co-ma'n-do fi-llio-lo mi-o mét-ti la tou-a char-pa)* (Je t'en prie mon petit, mets bien ton écharpe !)

Chapitre 13

Dix expressions idiomatiques incontournables

Dans ce chapitre :

- Souhaiter bonne chance
- Demander de garder un secret
- Souhaiter une bonne santé
- Exprimer une idée contraire
- Dire un non sans concession
- Se réjouir des ennuis d'autrui
- Exprimer son agacement
- Freiner l'ardeur de quelqu'un
- Communiquer votre méfiance
- dire que vous êtes dans la plus grande confusion

Avec ces expressions imagées vous ne pouvez pas ne pas passer pour Italien ! Ici, nous faisons un voyage qui dépasse les frontières de la langue pour plonger dans la culture. Les traductions que nous vous proposons sont forcément elles aussi très idiomatiques et sembleront sûrement très françaises à nos amis belges, québécois et suisses. Nous nous en excusons auprès d'eux ! Cela étant, il leur faudra trouver des équivalents dans leur culture : ce sera un excellent exercice !

In bocca al lupo !

C'est une expression populaire pour dire **buona fortuna !** *(bouo-na for-tou-na)* (Bonne chance !) Que diraiton chez nous ? Allez ! même si c'est un gros mot… « Merde ! » mais oui ! S'il ne faut surtout pas y répondre « merci », **In bocca al lupo !** *(i'n boc-ca al lou-po)* (littéralement : dans la gueule du loup, parce que vous n'êtes pas encore tiré d'affaire !) appelle néanmoins une réponse : **Crepi il lupo !** *(cré-pi il lou-po)* (Qu'il crève !)

Acqua in bocca !

Pour demander à quelqu'un de garder un secret, dites-lui : **Acqua in bocca !** *(a-coua i'n boc-ca)* (littéralement : eau dans la bouche). Si vous avez la bouche pleine d'eau, il vous est impossible de parler. Vous pensez à la même chose que moi… : « Motus et bouche cousue ! »

Salute !

Salute ! *(sa-lou-té)* (Santé !) s'emploie quand quelqu'un éternue : c'est notre « À tes souhaits » et on répond **Grazie**. C'est aussi l'expression utilisée quand on lève son verre : « À ta / votre santé », « À la tienne / À la vôtre ».

Macché !

Macché ! *(mak-ké)* vient de **ma** et **che**. Elle exprime une idée contraire que l'on peut traduire par « Mais, non ! » ou « Penses-tu ! ». **Prendiamo il cane ? Macché !** *(prè'n-dia-mo il ca-né mak-ké)* (On prend le chien ? Mais, non !) ; **C'è l'ha con me. Macché !** *(tchè la co'n mé mak-ké)* (Il m'en veut. Penses-tu !)

Neanche per sogno !

Neanche per sogno *(né-a'n-ké per so-no)* (littéralement : même pas en rêve) est une manière de dire un non absolu. Un fils qui vient à peine de passer son permis demande à sa mère de lui prêter sa voiture flambant neuve : **Mamma, mi presti la tua macchina ?** *(ma'm-ma, mi prè-sti la tu-a mak-ki-na)* ; réponse de la mère : **Neanche per sogno !** (Ah ! sûrement pas !). Selon les personnes en présence, on pourra l'exprimer aussi par : « Tu peux toujours courir ! »

Peggio per te !

Avec **Peggio per te** *(pèd-djo per té)* (littéralement : Pire pour toi), vous ne vous apitoyez pas sur votre interlocuteur : « Tant pis pour toi ! »

Piantala !

Pour dire à quelqu'un d'arrêter car il vous agace prodigieusement : « Arrête ! »

Vacci piano !

Vacci piano ! *(vat-tchi pia-no)* (Vas-y doucement !) Pour freiner l'ardeur ou l'enthousiasme de quelqu'un, nous aussi on dit « Vas-y piano » ; « Vas-y pian-pian » et plus terroir : « Tout doux, tout doux ! »

Gatta ci cova !

Gatta ci cova *(gat-ta tchi co-va)* (littéralement : chatte qui couve…). Vous avez déjà vu une chatte **covare** *(co-va-ré)* (couver) ? Autrement dit : « Il y a quelque chose là-dessous », « Il y a anguille sous roche. »

Sono nel pallone !

Ne nous demandez pas d'où vient cette expression ! On dit **sono nel pallone** *(so-no nél pal-lo-né)* (littéralement : je suis dans le ballon…) lorsqu'on est dans une situation de confusion totale et qu'on ne sait plus par quel bout prendre les choses : « Je ne sais plus où j'en suis », « J'en perd mon latin », « Je suis déboussolé(e) », « J'suis largué(e) ».

ARRIVEDERCI !

Index alphabétique

L

M

N

P